Kohlhammer

Wirtschaft kontrovers
herausgegeben von Patrick Peters

Jelena Mitsiadis/Manfred Pohl

Zukunft der Unternehmensgeschichte und Geschichte der Unternehmenszukunft

Verlag W. Kohlhammer

Dieses Werk einschließlich aller seiner Teile ist urheberrechtlich geschützt. Jede Verwendung außerhalb der engen Grenzen des Urheberrechts ist ohne Zustimmung des Verlags unzulässig und strafbar. Das gilt insbesondere für Vervielfältigungen, Übersetzungen, Mikroverfilmungen und für die Einspeicherung und Verarbeitung in elektronischen Systemen.

1. Auflage 2025

Alle Rechte vorbehalten
© W. Kohlhammer GmbH, Stuttgart
Gesamtherstellung:
W. Kohlhammer GmbH, Heßbrühlstr. 69, 70565 Stuttgart
produktsicherheit@kohlhammer.de

Print:
ISBN 978-3-17-043356-4

E-Book-Formate:
pdf: ISBN 978-3-17-043357-1
epub: ISBN 978-3-17-043358-8

Für den Inhalt abgedruckter oder verlinkter Websites ist ausschließlich der jeweilige Betreiber verantwortlich. Die W. Kohlhammer GmbH hat keinen Einfluss auf die verknüpften Seiten und übernimmt hierfür keinerlei Haftung.

Inhalt

Reihenvorwort 9

Einleitung 13

1 Die Kenntnis der Geschichte: ein zentraler Faktor in der Planung des Unternehmens 21
   1.1 Was kann die Unternehmensgeschichte leisten? 21
   1.2 Die Zukunftschronik® 27
      1.2.1 Unternehmensgeschichte der Zukunft 27
      1.2.2 Zukunftschronik, Künstliche Intelligenz und das Anthropozän 33
      1.2.3 Interview mit Wolfgang Wahlster 36

2 Ein neues Zeitalter der Wirtschafts- und Unternehmenskultur 43
   2.1 Historische Ketten 43
   2.2 Die „sechs Revolutionen" 46
   2.3 Die Aktiengesellschaft – die dominante Unternehmensform 54
      2.3.1 Strategische Neuausrichtung des Wirtschaftssystems 54
      2.3.2 Die erste Aktienbank in Köln 57
      2.3.3 Die Aktiengesellschaft setzt sich durch 61
      2.3.4 Das Verhältnis zwischen Banken und Industrie 63
   2.4 Kriege und Krisen 70

		2.4.1	Erster Weltkrieg und Inflation: Konzentration als Folge 70

2.4.2 Weltwirtschafts- und Bankenkrise 75

2.5 Unternehmer im Nationalsozialismus 81

2.6 Zwei deutsche Staaten: BRD und DDR 84

    2.6.1 Das Ende der privaten Unternehmen in der DDR 84

    2.6.2 Die schwierige Reprivatisierung 88

3 Die Institutionalisierung der unternehmensgeschichtlichen Forschung 91

3.1 Erste Aktivitäten und Versuche 91

3.2 Wilhelm Treue, der Gründer der Zeitschrift TRADITION 1957 93

3.3 Gründung der Vereinigung Deutscher Werksarchivare 1957 95

    3.3.1 Interview mit Dr. Martin L. Müller, Vorsitzender Vereinigung der Wirtschaftsarchivarinnen und Wirtschaftsarchivare e. V. (VdW) 2014–2024 99

3.4 Das Institut für bankhistorische Forschung ... 104

3.5 Die Gründung der Gesellschaft für Unternehmensgeschichte (GUG) 106

    3.5.1 Vorgeschichte 106

    3.5.2 Die Gründung als unabhängige Gesellschaft 112

3.6 Die Europainitiativen in der unternehmensgeschichtlichen Forschung 118

    3.6.1 Der europäische Gedanke setzt sich durch 118

    3.6.2 Die Gründung der European Association for Banking History (EABH) 122

    3.6.3 Die Gründung der Society for Business History (SEBH) 126
    3.7 Die Historische Gesellschaft der Deutschen Bank e. V. 129

4 Die theoretischen und methodischen Ansätze in der unternehmensgeschichtlichen Forschung in den USA und in Deutschland nach 1945 131
    4.1 Business History als Geschichtsmarketing 131
    4.2 Die theoretische Basis der unternehmensgeschichtlichen Forschung: Alfred D. Chandler und Fritz Redlich 133
        4.2.1 Alfred D. Chandler, Jr.: Strategy and Structure 133
        4.2.2 Fritz Redlich: Die Verantwortung des Unternehmers 138
    4.3 Unternehmensgeschichte in Deutschland 145
        4.3.1 Erste Ansätze 145
        4.3.2 Die Ausgangsbasis 146
        4.3.3 Die Unternehmensgeschichte als wissenschaftliche Disziplin 150
        4.3.4 Internationalisierung und Interdisziplinarität 152
        4.3.5 Theoretische und methodische Diskussionen 154

5 Fazit 161

Quellenverzeichnis 163

Reihenvorwort

„Zukunft der Unternehmensgeschichte und Geschichte der Unternehmenszukunft", so lautet der Titel des neuen Bandes der Reihe „Wirtschaft kontrovers". Das klingt zunächst wie ein Widerspruch: Die Zukunft der Geschichte und die Geschichte der Zukunft, wie könnten diese je geschrieben werden? Und das Ganze auch noch verknüpft mit Unternehmen, also der Ökonomie! Die Autoren[1] Jelena Mitsiadis und Manfred Pohl wissen aber, was sie tun, sind sie schließlich ausgewiesen kompetent in diesen nur scheinbar gegensätzlichen Feldern. Daher können wir vielmehr von einem bewussten Oxymoron bei diesem schönen, kontroversen Titel sprechen. Es ist die Steigerung der Aussage, wie sich Unternehmensgeschichte und Unternehmenszukunft gegenseitig prägen und bedingen, in einem Gegensatzpaar.

Was also unternehmen Jelena Mitsiadis und Manfred Pohl in diesem Band? Sie verbinden das Forschungsgebiet der Unternehmensgeschichte mit einem Ausblick auf die Zukunft eines Unternehmens. Die Erforschung der Unternehmensgeschichte bietet tiefgreifende Einblicke in die Evolution und die strategischen Wendepunkte von Organisationen. Sie zeigt, wie Unternehmen auf externe Veränderungen reagiert haben, welche Führungsstile dominierend waren und wie sich die unternehmerischen Kulturen im Laufe der Zeit entwickelt haben. Das Verständnis der Vergangenheit ist nicht nur von akademischem Interesse, sondern spielt auch eine zentrale Rolle in der Gestaltung der Unternehmenszukunft. In einer Welt, die sich durch Technologie, Globalisierung und soziale Dynamiken ständig verändert, kann die Unternehmensgeschichte wertvolle Lektionen

---

[1] Im vorliegenden Werk wird zugunsten der Lesbarkeit das generische Maskulinum verwendet. Personenbezeichnungen beziehen sich – sofern nicht anders kenntlich gemacht – auf alle Geschlechter.

bereithalten, um zukünftige Herausforderungen zu meistern und Chancen zu nutzen.

Und so entsteht auch die Verbindung von Unternehmensgeschichte und Zukunft: Die Unternehmensgeschichte dient oft als Fundament für die Zukunftsplanung. Sie ermöglicht es Entscheidungsträgern, aus früheren Erfolgen und Fehlern zu lernen und diese Erkenntnisse in die strategische Ausrichtung einzubinden. Die Analyse historischer Daten hilft Unternehmen, Trends zu identifizieren, Szenarien zu entwickeln und resiliente Strategien zu entwerfen, die sowohl die Kontinuität als auch die innovative Transformation sicherstellen.

Zudem sind Unternehmensgeschichte und Unternehmenszukunft höchst relevant für ein besonderes Forschungsinteresse des Herausgebers dieser Reihe: der Unternehmensethik und des Wertemanagements. Unternehmensethik bezieht sich auf die Prinzipien und moralischen Werte, die das Handeln eines Unternehmens in seinem Geschäftsumfeld bestimmen. Sie umfasst die Entscheidungsfindung auf allen Ebenen eines Unternehmens und die Frage, wie diese Entscheidungen die internen und externen Stakeholder beeinflussen. Unternehmensethik schließt Themen wie Fairness, Transparenz, Verantwortlichkeit und Respekt vor rechtlichen und gesellschaftlichen Normen ein. Ein ethisch geführtes Unternehmen wird versuchen, in seinem Handeln stets das Wohl seiner Mitarbeiter, Kunden, Investoren und der Gesellschaft zu berücksichtigen. Dabei wird es auch Umweltaspekte und soziale Gerechtigkeit einbeziehen. Das Wertemanagement wiederum, oft auch als Wertekultur oder ethisches Management bezeichnet, ist der Prozess der Integration von Kernwerten in die täglichen Abläufe und die Unternehmenskultur. Es geht darum, konkrete Werte wie Integrität, Verantwortung, Exzellenz und Respekt in die Strukturen und Prozesse des Unternehmens einzubetten. Wertemanagement beinhaltet die Entwicklung von Richtlinien und Verhaltenskodizes, die Schulung von Mitarbeitern in Bezug auf diese Werte und die Schaffung von Mechanismen zur

Überwachung und Durchsetzung dieser Werte. Das Ziel ist es, eine Unternehmenskultur zu schaffen, die ethisches Verhalten fördert sowie unterstützt und so zur langfristigen Reputation und zum Erfolg des Unternehmens beiträgt.

Die Verbindung von Unternehmensgeschichte und Unternehmensethik ist besonders relevant, da sie zeigt, wie ethische Entscheidungen die Reputation und den Erfolg eines Unternehmens langfristig beeinflussen können. Unternehmen, die aus ihrer Geschichte lernen und ethische Grundsätze in ihre Unternehmenskultur integrieren, sind oft besser darauf vorbereitet, auf zukünftige ethische Dilemmata zu reagieren. Wertemanagement spielt hierbei eine entscheidende Rolle: Es geht darum, die in der Vergangenheit gebildeten Werte zu bewahren und gleichzeitig neue Werte zu entwickeln, die den gegenwärtigen und zukünftigen ethischen Herausforderungen gerecht werden.

Die Betrachtung der Unternehmensgeschichte im Kontext der Unternehmenszukunft und Ethik ist daher nicht nur retrospektiv, sondern auch prospektiv von Bedeutung. Sie fördert ein tiefes Verständnis dafür, wie unternehmerische Entscheidungen und Verhaltensweisen die gesellschaftliche Wahrnehmung und interne Kultur eines Unternehmens formen. Für Unternehmen, die nachhaltig und verantwortungsvoll wachsen möchten, ist das Zusammenspiel von historischem Bewusstsein, ethischer Reflexion und Wertemanagement entscheidend.

Mönchengladbach/Stuttgart, Oktober 2024
Prof. Dr. Patrick Peters, MBA

Einleitung

Die unternehmensgeschichtliche Forschung hat in den letzten fünfzig Jahren zwar verstärkt in der Wissenschaft und der Forschung, aber auch in den Unternehmen an Bedeutung gewonnen. Das lag sicherlich an der Institutionalisierung, d. h. der Gründung unabhängiger wissenschaftlicher Institutionen. Trotz einer gewissen Akzeptanz hat die Unternehmensgeschichte in den Unternehmen immer noch nicht den Stellenwert erreicht, den sie als Wissenschaft verdient hätte, da die Unternehmen in ihr immer noch keinen gewinnbringenden Wert erkennen können. Auch ihr wissenschaftlicher Wirkungsradius blieb in der Universität zunächst auf wenige Fachbereiche beschränkt, wie es der Münchener Volkswirt und Wirtschaftshistoriker Knut Borchardt 1977 feststellte.[2] Andere Persönlichkeiten – wie der Gründer des Instituts für bankhistorische Forschung e. V., Erich Achterberg, der bereits in den 1970er Jahren die übergeordnete Bedeutung von Unternehmens- und Bankengeschichte betonte – wurden aufgrund ihres Einsatzes für die Unternehmensgeschichte eher belächelt.[3] Diese Beispiele zeigen, dass Unternehmensgeschichte von Anfang an kontrovers diskutiert wurde. Aus diesem Grund sind die Autoren froh, ihre Erkenntnisse in der Reihe „Wirtschaft kontrovers" vorstellen zu können.

---

2   „Ich halte es für sehr wichtig, gleich zu Beginn zu betonen, dass die Unternehmensgeschichte als Teilbereich der Wirtschafts- und Sozialgeschichte primär auf ein dringendes Forschungsinteresse auch jener Wirtschaftshistoriker stößt, die sich mehr in den Bahnen der volkswirtschaftlichen Betrachtung der wirtschaftlichen Entwicklung bewegen. Wir sind für zahlreiche Fragen der Wirtschaftsgeschichte auf die Forschungsergebnisse der Unternehmensgeschichte unbedingt angewiesen und würden ohne sie im Dunkeln tappen." (Borchardt, Knut: Wirtschaftliche Krisen als Gegenstand der Unternehmensgeschichte, in: Zeitschrift für Unternehmensgeschichte, 22. Jg, Heft 2, 1977, S. 81–90, hier S. 82).
3   Schreiben von Erich Achterberg an Dr. Manfred Pohl vom 17. Juli 1973, HADB, ZA 17/13, Generalsekretariat.

Im ersten Kapitel gehen wir in medias res, indem wir unsere Marke Zukunftschronik® vorstellen. Diese beinhaltet neben der Beschreibung der Zukunft auch unsere Vorstellung von der Weiterentwicklung der Unternehmensgeschichte, getreu dem Titel dieses Bandes „Zukunft der Unternehmensgeschichte und Geschichte der Unternehmenszukunft".

Als Hinführung haben wir die Institutionalisierung der Unternehmensgeschichte Anfang der 1970er Jahre aufgearbeitet, da diese für einen ersten Schub in der Wissenschaft und zum Teil auch in Unternehmen geführt hat. Als zweite entscheidende Stufe sind die Internationalisierung und die Interdisziplinarität der unternehmensgeschichtlichen Forschung seit Mitte der 1990er Jahre zu nennen. Innerhalb dieser Weiterentwicklung ist vor allem die Aufarbeitung der Zeit des Nationalsozialismus hervorzuheben. Die Geschichte der Deutschen Bank zu ihrem 125-jährigen Bestehen[4] ist ein erstes Beispiel für diese Neuausrichtung, der auch andere Unternehmen folgten. Diese neue Verantwortung der Unternehmen führte schließlich zu zahlreichen Diskussionen über den Stellenwert der Unternehmensgeschichte. Eine ähnliche Bedeutung wie die Aufarbeitung der Zeit des Nationalsozialismus kommt der Aufarbeitung der Geschichte der ostdeutschen Unternehmen in der DDR-Zeit zu. Allerdings bedarf es bei diesem Thema noch großer Anstrengungen, da die unternehmensgeschichtliche Forschung hier noch am Anfang steht.

Die 125-jährige Geschichte der Deutschen Bank bot auch Anlass zu Überlegungen, wie die Bedeutung der Unternehmensgeschichte in den Unternehmen gesteigert werden könnte. Die Grundidee, Unternehmenskultur und Unternehmensgeschichte in einem engen Kontext zu sehen und zu behandeln, hat sich in der Gesamtentwicklung nicht durchgesetzt. So blieb die von der Deutschen Bank mit-

---

4   Gall, Lothar u. a.: Die Deutsche Bank 1870–1995, München 1995.

initiierte Gründung des International Institute for Corporate Culture Affairs (ICCA) 2003 eine kurze Episode.

Der World Corporate Ethics' Council (WCEC), dem immerhin bekannte Persönlichkeiten wie Samuel P. Huntington (mit einem Lehrstuhl an dem John M. Olin Institute for Strategic Studies der Harvard-Universität im Cambridge) oder der Gründer und Vorsitzende der Foundation on Economic Trends, Jeremy Rifkin, angehörten, konnte sich mit der Idee zu der Verbindung von Unternehmenskultur und Unternehmensgeschichte ebenso wenig durchsetzen. Spätestens 2004, als die Deutsche Bank alle ethischen Vorhaben in diese Richtung einstellte, war auch die Verbindung zwischen Unternehmenskultur und Unternehmensgeschichte endgültig gescheitert.

Dabei sind gerade Unternehmenskultur und Unternehmensgeschichte eine untrennbare Einheit. Diese Feststellung ist bei genauerer Betrachtung sehr einleuchtend, wenn wir die Unternehmer nicht ausschließlich auf sein erfolgsorientiertes Handeln im Unternehmen reduzieren. Viele Unternehmer sind Erfinder und haben auf ihren Erfindungen nicht nur ihr Unternehmen aufgebaut, sondern das Leben der Menschen nachhaltiger gestaltet, als beispielsweise manche Politiker dies gerne für sich beanspruchen würde. Ganze Regionen arbeiten in regional ansässigen Unternehmen und prägen die Kultur, die Ökologie oder den Wohlstand der Region, wie z. B. Freudenberg in Weinheim, Daimler in Stuttgart, Siemens in München etc.

Zwar ist heute die Unternehmenskultur in vielen Unternehmen eine feste Größe und viele sind Mitglied in der UNESCO und verfolgen offiziell deren Nachhaltigkeitsziele. Viele Aktivitäten im Namen der Unternehmenskultur sind aber oft eher Fassade als Überzeugung. Wir plädieren in dieser Arbeit auch dafür, dass beide Disziplinen – Unternehmensgeschichte und Unternehmenskultur – in den Unternehmen gemeinsam noch intensiver in die strategischen Überlegungen zur Zukunftsgestaltung integriert werden.

Die Unternehmensgeschichte wird von vielen Wissenschaftlern zwar als zentral für Erkenntnisse in der Strategie der Unternehmen gesehen. Letztlich bleibt sie dennoch rückwärtsgerichtet und streng begrenzt. „Insgesamt umfasst Unternehmensgeschichte viel mehr als nur die Entwicklung unternehmerischen Handelns. Weil Unternehmen über ihren engeren Bereich hinaus in vielfältiger Weise in die Gesellschaft hineinwirken, können und müssen die weiteren Belange von Politik, Sozialem und Kultur in die Betrachtung einbezogen werden."[5] Diese Aussage von Toni Pierenkemper, ehemals Ordinarius für Wirtschafts- und Sozialgeschichte an der Universität Köln, ist unumstritten. Danach relativiert er allerdings seine Aussage und schränkt sie massiv ein: „Das strategische Handeln im Unternehmen mit dem Ziel, einen möglichst guten Unternehmenserfolg zu realisieren, bildet dennoch zweifellos den Kern der modernen Unternehmensgeschichte. Ihren ökonomischen Funktionen gilt deshalb meines Erachtens Priorität, weshalb ich eine stärkere Erforschung dieser Funktionen der ökonomischen Institution ‚Unternehmen' für dringend geboten halte."[6]

In dieser Aussage steckt die Kernfrage der Unternehmensgeschichte der Zukunft und damit auch der Zukunft der Unternehmensgeschichte. Angesichts der globalen Entwicklung geht der Anspruch der unternehmensgeschichtlichen Forschung weit über die von den meisten deutschen Wirtschafts- und Sozialhistorikern beschriebene Theorie und Methode hinaus. Auch wenn Chandler und Redlich als „Nestoren" der Business History bzw. der Unternehmensgeschichte in ihrer Zeit nicht alle Entwicklungslinien voraussehen konnten, ha-

---

5 Pierenkemper, Toni: Unternehmensgeschichte. Eine Einführung in ihre Methoden und Ergebnisse. (Grundzüge der modernen Wirtschaftsgeschichte, Band 1), Stuttgart 2000, S. 284.
6 Ebd.

ben sie dennoch mit ihren Publikationen einen erheblichen Anteil an der theoretischen und methodischen Ausrichtung der heutigen und zukünftigen Unternehmensgeschichte. Vor allem Chandler sah Business History als Marketinginstrument und betonte ihren praktischen Wert für die Unternehmen. Beide Wissenschaftler, Redlich und Chandler, sind aber letztlich vor interdisziplinären, übergreifenden und zukunftsorientierten Ansätzen zurückgeschreckt. Auch neuere Arbeiten behandeln eher Begrenzungen und bemängeln eine Bedeutungslosigkeit der Unternehmensgeschichte in den relevanten Fächern Geschichte, Volkswirtschaft und Betriebswirtschaft oder der Soziologie.[7]

Der Direktor des Instituts für Wirtschafts- und Sozialgeschichte der Universität Göttingen, Hartmut Berghoff, stellte 2016 in seiner Arbeit „Moderne Unternehmensgeschichte" fest: „Trotz eines beträchtlichen Aufschwungs des Faches hat die Unternehmensgeschichte in Deutschland weder in der Ökonomie noch in der Geschichtswissenschaft einen zentralen Stellenwert. In der Volkswirtschaftslehre geraten Firmen im abstrakten Kosmos makroökonomischer Analysen leicht aus dem Blick, während die Betriebswirtschaftslehre zumeist nur eine verkürzte, gegenwartsbezogene Perspektive auf ihren Gegenstand besitzt. Im Mainstream der Geschichtswissenschaft und in der Soziologie sind nach der kulturalistischen Wende Fragen der materiellen Fundierung historischer Prozesse vorübergehend aus der Mode gekommen."[8]

Trotz der positiven Ansätze in den letzten Jahren ist es in der unternehmensgeschichtlichen Forschung nicht gelungen, die Unternehmensgeschichte über eine beschreibende und ausschließlich rückwärtsgerichtete Darstellungsmethode hinauszubringen. Die Aufarbeitung der Geschichte der Unternehmen basierte bisher auf

---

7 Berghoff, Hartmut: Moderne Unternehmensgeschichte. Eine themen- und theorieorientierte Einführung, Berlin/Bosten 2016, S. 103.
8 Ebd. S. 1.

festen Normen. Dabei spielte es keine Rolle, in welchen wissenschaftlichen Bereichen (Geschichte, Ökonomie, Sozialwissenschaften, etc.) das Hauptaugenmerk lag. Immer noch werden die meisten Unternehmensgeschichten zu Jubiläen verfasst oder zur Aufarbeitung historischer Prozesse, wie z. B. Unternehmen im Nationalsozialismus, oder der Weltwirtschafts- und Bankenkrise. Dagegen ist nichts einzuwenden, da solche Studien zum Verständnis der jeweiligen Zeit in vielen Bereichen eine hervorragende Basis bilden.

Wir sind eindeutig der Meinung: Die Unternehmensgeschichte kann mehr! Sie präsentiert den Unternehmen ein zumeist ungenutztes (da nicht bekanntes) Spektrum historischer Ereignisse, die sie zur Grundlage und Absicherung weitreichender Entscheidungen nutzen können. Die Unternehmensgeschichte bietet den Unternehmern jenes langfristige Instrumentarium, das ihnen andere Disziplinen nicht zur Verfügung stellen können. Während tausende ökonomische oder soziologische Studien den Unternehmen die unterschiedlichsten Anleitungen zu ihrem strategischen Handeln an die Hand geben, beschränkt sich die Unternehmensgeschichte auf Jubiläumsschriften und einzelne themenbezogen beschreibende, rückwärtsgewandte Ausarbeitungen. Dies muss sich unserer Meinung nach schleunigst ändern.

Unternehmenshistoriker werden weder auf Kongresse zu ökonomischen Themen (z. B. Wettbewerb, Investitionen etc.) oder zu Diskussionen (z. B. zu Markenstrategien, Kreislaufwirtschaft, Geschäftsmodellen im Zeitalter der KI) als Redner eingeladen, noch veranstalten sie eigene Symposien, die zeigen könnten, dass Geschichte zur Gestaltung gegenwärtiger und zukünftiger Entscheidungen unerlässlich ist. Das liegt zum einen an ihrer wissenschaftlichen Ausbildung, zum anderen aber auch daran, dass sie keine Lobby besitzen bzw. keiner Institution angehören, die sie promotet.

Alle zuvor genannten Diskussionsthemen besitzen ein hochinteressantes und wissenswertes historisches Potential. Zudem kann die Kenntnis der Geschichte zu bestimmten Themen den Unternehmen enorme Vorteile bei der strategischen Gestaltung der Zukunft in der eigenen Branche und am Markt bringen. Darüber hinaus gibt es politische, gesellschaftliche und kulturelle Herausforderungen, die nur aus der Geschichte heraus zu verstehen sind. Daher ist die Aufarbeitung der Geschichte der Unternehmen und vor allem ihre Kommunikation im Unternehmen und in der Öffentlichkeit (Storytelling) ein klares Bekenntnis zu den Werten des Unternehmens. Gleichzeitig dient sie als eine Dokumentation der Verantwortung, die ein Unternehmen in einer freiheitlichen demokratischen Gesellschaft hat.

Wir haben deswegen die „Pohl & Mitsiadis Unternehmensgeschichte GmbH, Institut für Unternehmensgeschichte und Unternehmenszukunft" gegründet, um die Unternehmensgeschichte in die Zukunft zu führen und die Zukunft neben zahlreichen anderen Faktoren auch auf der Basis und den Ergebnissen unternehmensgeschichtlicher Forschung zu gestalten. Hierzu haben wir den markenrechtlich geschützten Begriff Zukunftschronik® geprägt, getreu dem Motto: „Auch die Zukunft wird Geschichte!"

Das heißt konkret: Wir wollen den Unternehmen auf der Basis unternehmensgeschichtlicher Forschungen und Erkenntnissen Handlungsempfehlungen und Handlungsüberlegungen zur Verfügung stellen. Diese können sie als Marketing- und Kommunikationsinstrument in ihrem Unternehmen oder ihren Kunden und der Öffentlichkeit gegenüber anwenden.

Die Unternehmer müssen heute mehr denn je die Zukunft mit den Augen der Geschichte sehen, nicht nur um Stabilität und Identität im Unternehmen zu gewährleisten. Vielmehr hilft ihnen diese Perspektive, die anstehenden Transformationsprozesse, vor allem bedingt durch Digitalisierung und Künstliche Intelligenz (KI), zum Erfolg zu führen. Das „Mitnehmen" der Mitarbeiter in diesen Prozessen und das „Auffangen" der Beschleunigung, die alle gleichermaßen betrifft, bedarf eines neuen Denkens, einer Reflexion in historischen Dimensionen.

Frankfurt am Main, Oktober 2024
Jelena Mitsiadis und Prof. Dr. Manfred Pohl

1 Die Kenntnis der Geschichte: ein zentraler Faktor in der Planung des Unternehmens

„Die Historiker verfälschen die Vergangenheit,
die Ideologen die Zukunft."
Zarko Petan, slowenischer Schriftsteller (1929–2014)

1.1 Was kann die Unternehmensgeschichte leisten?

Als die Menschen sesshaft wurden, gründeten sie die ersten Unternehmen. In ihrer Rolle als Jäger und Sammler und mit der Nutzung des Feuers als erster bedeutender Kulturstufe sowie der nachfolgenden Sesshaftigkeit begannen die Menschen, die ersten Güter zunächst in Form von Tauschwaren zu nutzen. Dabei dominierten zunächst Produkte des Ackerbaus und der Jagd, aber auch einfache Gebrauchsgegenstände des Alltags als Produktionsgüter. Schließlich bildeten sich erste Organisationsformen des Transports von Gütern (frühe Formen der Logistik) oder der Beratung und Weitergabe von Informationen als Dienstleistungen heraus.

Yuval Noah Harari erklärt in einzigartiger Weise am Beispiel von McDonald's kinder- und erwachsenengerecht, wie es in der Menschheitsgeschichte zur Gründung von Unternehmen kam.[9] McDonald's ist nicht die Summe seiner Restaurants oder seiner Burger, die dort vom Küchenpersonal hergestellt werden. „McDonald's ist eine Geschichte."[10] Eine Geschichte, die sich Menschen ausgedacht haben, z. B. um das Risiko zu minimieren, den Gewinn zu steigern etc. Im

---

9 Harari, Yuval Noah: Wie wir Menschen die Welt eroberten, München 2022, S. 58–65.
10 Ebd. S. 62.

Laufe der Zeit haben die Menschen die Geschichten „verfeinert" oder auch neue Geschichten erzählt, die dann der Beginn und die Basis einer Unternehmensgeschichte wurden. Daraufhin haben Wissenschaftler komplizierte Theorien entwickelt, zu deren Verstehen die Studenten vier bis fünf Jahre Studium benötigen.

Der Handel mit Gütern und Dienstleistungen und die ersten organisierten Formen, in deren Rahmen und Struktur das gesamte Produktions- und Dienstleistungsgeschäft ablief, entwickelten sich zu einem Wirtschaftssystem, an dessen Grundstrukturen sich bis heute wenig geändert hat.[11]

Mit dieser kurzen Beschreibung stellen sich zahlreiche geschichtstheoretische bzw. unternehmensgeschichtstheoretische Fragen: Wie entsteht Unternehmensgeschichte als Teil der Geschichte? Wie wird Unternehmensgeschichte erzeugt? Oder in Abänderung eines berühmten Satzes von Georg Simmel: Wie ist Unternehmensgeschichte möglich?[12] Gleichzeitig stellt sich die Frage, wie Unternehmensgeschichte für die Gestaltung von Gegenwart und Zukunft genutzt werden kann?

---

11 Natürlich gab es Unternehmen bereits in China, Ägypten usw., sowie in der Antike und in den Zeiträumen danach, die auf der Basis von Erfindungen entstanden waren, die weltweit (in den damaligen Grenzen) agierten. Unternehmensgeschichte hat hier ihren Ursprung, in den Berichten über Handelswege, Produkte und Dienstleistungen. Die Feststellung von Werner Plumpe, Historiker an der Johann Wolfgang Goethe Universität in Frankfurt am Main, ist nur bedingt nachvollziehbar: „Von einer Unternehmensgeschichte vor den großen institutionellen Reformen am Ende des 18. und zu Beginn des 19. Jahrhunderts zu sprechen, ist wenig sinnvoll." (Plumpe, Werner: Unternehmensgeschichte im 19. und 20. Jahrhundert. (Enzyklopädie deutscher Geschichte, Band 94), Oldenbourg 2018, S. 1).
12 Georg Simmels Originalsatz lautet: „Wie ist Geschichte möglich?" (Simmel, Georg: Die Probleme der Geschichtsphilosophie. Eine erkenntnistheoretische Studie, Leipzig 1907, S. VII).

1.1 Was kann die Unternehmensgeschichte leisten?

Von Anfang an kam der Kenntnis historischer Zusammenhänge eine hohe Bedeutung zu. Vor allem zahlreiche Formen der Oral History bildeten die Basis des menschlichen Zusammenlebens. Die Weitergabe von wichtigen Informationen – das Erzählen von Geschichten von Generation zu Generation –, z. B. über die Produktion von Gütern oder den Verlauf von Handelswegen, wurde ein zentraler Bestandteil der Gestaltung des Alltags und der Planungen für die Zukunft. Über ein Netz von Handelswegen gelangten Güter und Informationen in andere Regionen. Somit entstand ein reger Austausch, der durch persönliche Kontakte und Vertrauen in den Handelspartner gefestigt wurde. Niederschriften und Zeichnungen von Erfindungen, Produktionsabläufen und Handelswegen bildeten den nächsten Schritt auf dem Weg zu strukturierten Wirtschaftsabläufen. Es entstanden zunächst private Sammlungen und schließlich Archive und Bibliotheken, in denen das Wissen festgehalten wurde, wie z. B. in Assyrien, Babylonien oder Ägypten (Alexandria).

Geschichten, das Festhalten und Übermitteln von Daten aller Art, hatten von Anfang an – wie bereits festgestellt – eine zentrale Bedeutung in der Entwicklung der Menschheit. Letztlich basiert aller Fortschritt auf historischen Daten und dem Umgang mit diesen. Diese Daten schaffen Identität und Festigkeit, Vertrauen und nachhaltiges Arbeiten, kurz: Geschichte ist die Basis von allem Denken und Handeln. Deswegen ist die Aufarbeitung von Geschichte in einem Unternehmen ebenso wichtig wie die Geschichte von Kriegen und Niederlagen oder die Entwicklung politischer Institutionen.[13] Die Biografie eines Unternehmers hat den gleichen Stellenwert wie diejenige von Politikern oder anderen bedeutenden Protagonisten der Gesellschaft. Um ein Gesamtbild einer Kommune, einer Region oder eines Landes zu erhalten, sollte die Gesamtheit der Unterneh-

---

13 Borchardt, Knut: Wirtschaftliche Krisen als Gegenstand der Unternehmensgeschichte, in: Zeitschrift für Unternehmensgeschichte, herausgegeben im Auftrag der Gesellschaft für Unternehmensgeschichte von Wilhelm Treue und Hans Pohl. 22. Jahrgang, Heft 2, S. 81–90, hier S. 81.

menschroniken ebenso die Basis bilden, wie die Aufarbeitung von politischen oder kulturellen Abläufen. Um wirtschaftliche und soziale Entwicklungen in ihrer Gesamtheit zu erfassen, bedarf es einer möglichst flächendeckenden Aufarbeitung der Geschichte der Unternehmen. Davon ist die Unternehmensgeschichte allerdings noch weit entfernt.

Handlungsempfehlung

Die Aufarbeitung der Geschichte der Unternehmen, möglichst flächendeckend, lückenlos und wissenschaftlich, ist eine Grundvoraussetzung, um die Bedeutung der einzelnen Unternehmen und des Unternehmers zu erfassen. Gleichzeitig ist sie eine unabdingbare Voraussetzung, um in der Wirtschafts- und Sozialgeschichte, aber auch in anderen wissenschaftlichen Bereichen brauchbare und wissenschaftlich fundierte Ergebnisse zu erzielen. Schließlich ist die Aufarbeitung der Unternehmensgeschichte ein zentraler umfassender Bestandteil der allgemeinen Geschichte, die dann endlich von der Behandlung von Kriegen und Krisen, dem überproportionalen Beschreiben von mehr oder weniger wichtigen Politikern wegkäme.

Geschichte kann als Verkaufsinstrument hervorragend eingesetzt werden. Z. B. wenn ein Unternehmen mit einer langen Geschichte verkauft werden soll, ist eine lange erfolgreiche Geschichte ein immaterieller Wert, der sich positiv auf den Preis auswirken kann. Denn die Geschichte garantiert Stabilität, die automatisch auf die Zukunft projiziert wird.

Die von der Politik, der Wirtschaft und kulturellen Institutionen (z. B. Stiftungen) geförderten Programme haben hier die Möglichkeit, die Bedeutung von kommunalen, regionalen und internationalen Unternehmen für die Gesellschaft anzuregen und finanziell zu unterstützen. Dem Unternehmer muss klar sein, dass sie und ihr

1.1 Was kann die Unternehmensgeschichte leisten?

Unternehmen in der Gesellschaft eine gleichbedeutende Funktion haben wie staatliche Institutionen und staatliche Unternehmen. Ihre Geschichte ist daher sowohl quantitativ als auch qualitativ aufzuarbeiten und in die Lehrprogramme aller Bildungsinstitutionen zu integrieren (Grundschulen Gymnasien, Berufsschulen etc.).

Dabei stellt sich natürlich die viel diskutierte Frage: Kann man aus der Geschichte lernen? Klare Antwort: Ja! Kann man unternehmensgeschichtliche Entwicklungen eins zu eins auf heutige oder zukünftige Entwicklungen anwenden bzw. ummünzen? Klare Antwort: Nein! Wie also ist die Bedeutung unternehmensgeschichtlicher Forschung für gegenwärtige und zukünftige Entwicklungen in den Unternehmen einzuordnen, damit sie am Markt gegenüber den Mitbewerbern Vorteile erzielen können?

- Um überhaupt langfristige Entwicklungen verstehen zu können, bedarf es eines Grundwissens in Geschichte. Dieses Grundwissen sollte bei Beginn eines Universitätsstudiums vorhanden sein.
- Das Studium der Unternehmensgeschichte – zumeist innerhalb der Sozial- und Wirtschaftsgeschichte – besitzt keinen großen Stellenwert und wird auch in den zentralen Unternehmenspositionen (wie z. B. Vorstandsassistenten, Forschungs- und Strategieabteilungen) nicht nachgefragt.
- Daraus ist zu schließen: Ausbildung und Nachfrage müssen verändert werden.
- Das Fach „Unternehmensgeschichte" muss an den Universitäten neu überdacht und so gestaltet werden, dass die Absolventen für jedes Unternehmen interessant sind und gesucht werden, wie bei Ökonomen, Juristen, Ingenieuren etc.). Eigentlich waren diese Forderungen bereits bei der Gründung der Gesellschaft für Unternehmensgeschichte in Zusammenarbeit mit der Vereinigung der Wirtschaftsarchivare ein entscheidender Programmpunkt, der aber in den letzten 20 Jah-

ren nicht konsequent weiterverfolgt wurde.[14] Hier bedarf es neuer und zielgerichteter Initiativen.

- Der Unternehmenshistoriker in zentraler Position im Unternehmen muss in der Lage sein, die Strategien und Unternehmensmodelle der Zukunft mitzugestalten.
- Vor allem müssen die Aufgaben und Kompetenzen des Unternehmenshistorikers im Unternehmen klar definiert werden.

Es ist von großer Bedeutung, dass – so wie andere Bereiche im Unternehmen agieren – auch die Unternehmenshistoriker die historischen Daten nutzen und in konkrete Vorschläge zur Strategie des Unternehmens sowie für Bereiche der Unternehmenskultur, der Unternehmenskommunikation, des Unternehmensmarketings, aber auch zur Klärung juristischer Fragen etc. einbringen. Die Geschichte eines Unternehmens – je älter es ist – bietet in mannigfaltiger Weise Ansatzpunkte für gegenwärtige und zukünftige Problemlösungen (z. B. Fehlervermeidung), die erst relevant und gehört werden, wenn der Unternehmenshistoriker Tag für Tag in den zentralen Führungsstäben des Unternehmens mitarbeitet.

> **Handlungsempfehlung**
>
> Unternehmensgeschichte muss zu einem Kommunikations- und Marketingfaktor, einem strategischen Faktor werden. Investiert ein Unternehmen in unternehmensgeschichtliche Forschung, so bringe die Ergebnisse dem Unternehmen gegenüber anderen Mitbewerbern am Markt klare und sichtbare Vorteile. In Verbindung mit der Unternehmenskultur können langfristige (historische) Werteketten erarbeitet werden, die nach innen und außen für das Unternehmen seine Einmaligkeit dokumentieren. Über Marketing und Kommunikation (Öffentlichkeitsarbeit) kann ge-

---

14   Vgl. Pierenkemper, Toni: Sechs Thesen zum gegenwärtigen Stand der deutschen Unternehmensgeschichtsschreibung. Eine Entgegnung auf Manfred Pohl, in: Zeitschrift für Unternehmensgeschichte, Nr. 2/2000, 45. Jg, S. 165f.

genüber Branchenmitgliedern ein klarer Identitäts- und Imagevorteil erzielt werden.

D. h. konkret: Unternehmensgeschichtliche Veröffentlichungen sind nicht auf Jubiläen beschränkt, sondern betreffen zahlreiche Handlungsbereiche in einem Unternehmen. Sie sind ein stetiges Medium, um das Unternehmen nach innen und außen über seine Geschichte permanent darzustellen.

1.2 Die Zukunftschronik®

1.2.1 Unternehmensgeschichte der Zukunft

Infolge der wachsenden Bedeutung der Unternehmensgeschichte für die Gestaltung der Gegenwart und Zukunft muss die Spannbreite der unternehmensgeschichtlichen Forschung immer größer und vielseitiger werden. Auch die Aufarbeitung der Geschichte einzelner Tätigkeitsbereiche in einem Unternehmen, wie z. B. die Geschichte des Marketings, die Geschichte des Wettbewerbs oder die Geschichte der Investitionen muss unter den unterschiedlichsten Aspekten geschehen, um in den strategischen Überlegungen von Nutzen zu sein. In Deutschland sind, ähnlich wie es Alfred D. Chandler in den 1960er Jahren für die USA beschrieben hatte, Consultingunternehmen entstanden. Diese beraten Unternehmen in historischen Fragen und bieten diesen beim Aufbau von Unternehmensarchiven ihre Unterstützung an. Dabei wollen diese Consulter sowohl beim Aufbau von Archiven in den Unternehmen selbst als auch beim Outsourcen von Unternehmensarchiven an andere Standorte, z. B. regionale Wirtschaftsarchive, mithelfen. Allerdings ist die Qualität dieser Consulter äußerst unterschiedlich.[15]

---

15 Vgl. das Interview mit Dr. Martin Müller, dem langjährigen Vorsitzenden der Vereinigung der Wirtschaftsarchivare (▶ Kap. 3.3.1).

1 Die Kenntnis der Geschichte

Chandler hatte bereits damals den Marketingaspekt von Unternehmensgeschichte betont, der von einigen Wissenschaftlern bis heute abgelehnt wird, in den Unternehmen aber dennoch eine immer wichtigere Rolle spielt.

Das 21. Jahrhundert mit allen seinen Entwicklungen und Herausforderungen erfordert ein neues Denken. Im Zeitalter von weltweiten Pandemien, Klimawandel und rasantem Bevölkerungswachstum verschieben sich die globalen Werte massiv. Diese Veränderungen haben starke Auswirkungen auf die Unternehmen, was zwangsläufig die Rolle der Unternehmensgeschichte verändert.

Die Unternehmensgeschichte muss die Transformationsprozesse in Unternehmen verfolgen. Sie kommt nicht umhin, auf den nachhaltigen Einfluss, den die Veränderungen des 21. Jahrhunderts (Digitalisierung, Künstliche Intelligenz (KI)) auf die Gesellschaft und die Unternehmen haben, einzugehen. Dabei wird sie zur Zukunftsgeschichte bzw. zur Zukunftschronik®[16].

Bei einer Zukunftschronik® sind vor allem zwei Aspekte entscheidend. Heutzutage haben Unternehmen mit vielen Herausforderungen zu kämpfen. Unternehmen werden in Zukunft z. B. viel intensiver um Fachkräfte werben müssen, da diese immer rarer werden. Zudem werden sich die Unternehmen in Zukunft entweder auf die sich rapide verändernden Lieferketten einlassen oder immer neue Wege suchen müssen, um unabhängig von politisch verabschiedeten Regelungen zu produzieren, wenn sie dennoch global agieren wollen. Die neuen Technologien bringen auch neue Entwicklungen mit sich, die nicht immer einfach umzusetzen sind. Noch schwieriger wird es, wenn Unternehmen es nicht schaffen, ihre Mitarbeiter auf dem neuen Weg mitzunehmen. Die Zukunftschronik® soll die

---

[16] „Zukunftschronik®" ist als Wortmarke bei dem Deutschen Patent- und Markenamt gemeinsam mit der Firma werksfarbe GmbH & Co. KG, Frankfurt am Main, unter der Registernummer 30 2023 222 198 eingetragen.

1.2 Die Zukunftschronik®

Herausforderungen aufarbeiten, mit denen sich Unternehmen heute und in Zukunft konfrontiert sehen, und möglichst Perspektiven aufzeigen, wie diese Schwierigkeiten, aber auch Chancen von den einzelnen Unternehmen angegangen werden können.

Unternehmensgeschichte bzw. Zukunftschronik® muss als Disziplin an den Universitäten neuen Anklang finden. Wie bereits in der Wissenschaft bekannt ist, haben sich unterschiedliche Wirtschaftssektoren herausgebildet: Gewerbe, Handel, Verkehr, sonstige Dienstleistungen.[17] In der Zwischenzeit sind einige Sektoren hinzugekommen. Um ein objektives Bild von den Entwicklungen in der Unternehmensgeschichte zu bekommen, müssen alle Wirtschaftssektoren berücksichtigt werden. So ist beispielsweise die Rolle der Start-ups in Bezug auf Unternehmensgeschichte noch nicht geklärt, spielt aber für die Forschung eine wichtige Rolle (auch Start-ups haben eine Geschichte).

Wie bisher festgestellt wurde, haben die Veränderungen des 21. Jahrhunderts einen nachhaltigen Einfluss auf die Unternehmensgeschichte. Vor diesem Hintergrund ist es naheliegend, dass bei der Geschichtsaufarbeitung eines Unternehmens die aktuellen Entwicklungen mit aufgegriffen werden müssen, und zwar so, dass auch die Perspektiven und die Ziele des Unternehmens deutlich veranschaulicht werden. Mit anderen Worten heißt das: Die Unternehmensgeschichte muss einen weiteren Schritt gehen und im Schulterschluss mit Gegenwart und Zukunft behandelt werden – nur so bleibt sie für Unternehmen relevant.

Ein klarer Vorteil für die Unternehmen kristallisiert sich vor allem dann heraus, wenn diese die Ergebnisse und die Erkenntnisse aus der historischen Forschung sowie aus den gegenwärtigen Entwick-

---

17 Plumpe, Werner: Unternehmensgeschichte im 19. und 20. Jahrhundert. Bd. 94. Enzyklopädie deutscher Geschichte, Berlin/Boston 2018.

lungen bei der strategischen Zukunftsplanung verstärkt berücksichtigen.

Wie geht man bei diesem neuen Ansatz vor? Die Mitarbeiter und die Leitung des Unternehmens, aber auch die Kunden müssen in die Aufbereitung der Zukunftschronik® involviert werden, indem sie die Prozesse beschreiben, die sie und das Unternehmen aktuell beschäftigen. Darüber hinaus wird perspektivisch in die Zukunft geschaut. Folgende Fragen werden gestellt: Was sind die Ziele, welche Entwicklungen erwartet man am Markt und wie beschäftigt sich das Unternehmen mit dieser Dynamik?

Ferner besteht die Gestaltung der Zukunftschronik® darin, dass neben den Primär- und den Sekundärquellen der Oral History bzw. in Bezug auf die Gegenwart und Zukunft der Oral Story eine zentrale Rolle zukommt. Die Interviews, die geführt werden, bilden für den Part Gegenwart/Zukunft die Hauptquelle, da es hierfür noch kein Archiv gibt. Inhaltlich kennzeichnen die intensive Beschreibung neuer Ansätze und das Herausarbeiten zahlreicher Veränderungen in der Strategie des Unternehmens diesen Teil der Forschung.

In der Regel beträgt der rein historische Part etwa 60 Prozent, die Beschreibung von Gegenwart und Zukunft etwa 40 Prozent der Zukunftschronik®. Der historische Part sollte überwiegen, weil er die Basis für das Bestehen des Unternehmens bildet und wichtige Aspekte im Hinblick auf die Zukunft liefern kann, gerade wenn es sich um identitätsstiftende Elemente handelt.

Um den genannten Anforderungen der Zukunftschronik® gerecht zu werden und ein neues Denken in der Unternehmensgeschichte anzuregen, haben die Autoren die „Pohl & Mitsiadis Unternehmensgeschichte GmbH, Institut für Unternehmensgeschichte und Unternehmenszukunft" gegründet. Die Publikationen, die von dem Institut herausgegeben werden, erscheinen hauptsächlich in Form der Zukunftschronik®.

Die erste Zukunftschronik® erschien 2022 unter dem Titel „SAMSON: Die Transformation eines starken Unternehmens".[18] Gerade dieses erste Beispiel zeigt, dass für die meisten Unternehmen die Aufarbeitung der Geschichte nur dann Sinn macht, wenn sie von ihrer Tradition ausgehend in die Zukunft blicken. Für die Stabilität und die Identität eines Unternehmens ist die Geschichte unerlässlich. Dennoch erwarten vor allem die Mitarbeiter eine klare Strategie für die Zukunft, um eine Perspektive zu haben und die Sinnhaftigkeit der Handlungen zu erkennen.

In der Zukunftschronik® der Firma SAMSON AG wird dies insofern umgesetzt, als in den letzten drei Kapiteln, die ein gutes Drittel des Gesamtwerks einnehmen, sowohl Visionen als auch Handlungsgrundsätze, neue Geschäftsmodelle sowie deren Umsetzung eingehend beschrieben werden.

Das Kapitel „Digitale Transformation: von der Manufaktur zum Industrieunternehmen", das mit den Änderungen in der Unternehmenskultur beginnt, kennzeichnet die Aufarbeitung von gegenwärtigen Handlungen und deren Hintergründen. Dadurch haben sowohl die Geschäftsleitung als auch die Mitarbeiter die Möglichkeit, sich die Perspektiven und die Ziele, auf die man hinarbeitet, zu vergegenwärtigen und zu hinterfragen, ob der eingeschlagene Weg richtig ist.

Die Aufarbeitung der jüngeren Geschichte, an der die Geschäftsleitung und die Mitarbeiter in der Regel selbst beteiligt waren, bringt jedoch nicht nur angenehme Momente mit sich. Die Aufarbeitung

---

18 Pohl, Manfred; Mitsiadis, Jelena: „SAMSON: Die Transformation eines starken Unternehmens", Frankfurt am Main 2022, erschienen in Deutsch und Englisch.

von Schwierigkeiten und die wiederholte Konfrontation mit diesen bereitet den wenigsten Beteiligten Freude. Sobald aber die Geschichte aufgeschrieben ist, wird der Fokus wieder auf das Erreichte gelegt und man empfindet einen gewissen Stolz, weil man trotz Hindernissen viele Ziele erreicht hat. Vor diesem Hintergrund ist der Blick in die Zukunft zuversichtlich und vertraut.

Die Herausforderungen, mit denen man sich bei der SAMSON AG konfrontiert sah, waren z. B. die verspätete Einführung des Betriebssystems SAP (obwohl dieses System die Basis hinsichtlich der Prozesse und der Organisation des Unternehmens bilden sollte, wurde es viel zu spät eingeführt, was zahlreiche Herausforderungen mit sich brachte), die Flüchtlingskrise 2015 (SAMSON reagierte schnell und bot zusätzliche Ausbildungsplätze für Geflüchtete an – die Umsetzung war alles andere als einfach) oder die Corona-Pandemie, die zwar auf globaler Ebene stattfand, bei den einzelnen Unternehmen dennoch auf unterschiedliche Weise bewältigt werden musste. So wählte auch die SAMSON AG den eigenen Weg für den Umgang mit der Corona-Pandemie, der in der Zukunftschronik® in der Zeit beschrieben wurde, als der Ausgang dieser angespannten Situation noch nicht bekannt war.

Durch die sich ändernde geopolitische Lage wird es immer mehr Unternehmen geben, die von überraschenden Veränderungen betroffen sind. Dies zu erfassen, erfordert genaue Beobachtung und Darstellung, die ihre Authentizität aus der Aktualität der Ereignisse schöpft. Die Corona-Pandemie oder die Flüchtlingskrise in 20 Jahren zu beschreiben, würde eine ganz andere Intensität der Darstellungen bedeuten als heute. Die Zukunftschronik® legt also gleichzeitig den Fokus auf die Themen, die für unsere Zeit relevant sind.

Mit der Zukunftschronik® beginnt für die Unternehmensgeschichte ein neuer Abschnitt der Forschung. Diese Fortentwicklung eröffnet den Unternehmen neue Möglichkeiten, mit ihrer Geschichte umzugehen. Storytelling, das auch als Marketingstrategie genutzt werden kann, versetzt Unternehmen in die Position, die Inhalte und Werte, die zu vermitteln sind, ihren Mitarbeitern und Kunden gegenüber emotional und authentisch herüberzubringen.

Die Wissenschaft kann ebenfalls von der Zukunftschronik® profitieren. Gerade in den Unternehmen entstehen neue Strukturen und Formen (Start-ups, New Work, Homeoffice), die sich auf die generelle Wirtschaftssituation auswirken. Die Geschwindigkeit, mit der sich diese Strukturen und Formen verändern, sowie die Auswirkungen auf die Mitarbeiter zwingen auch die Wissenschaft zu einer schnelleren Aufarbeitung. Denn der Abstand zwischen der Geschichte und der Zukunft wird immer kürzer, sodass jede Darstellung der Vergangenheit rasch überholt ist. Die künftigen Ereignisse werden immer relevanter und es ist notwendig, sich kontinuierlich mit diesen zu befassen, um auch wissenschaftlich den Anschluss nicht zu verlieren.

1.2.2 Zukunftschronik, Künstliche Intelligenz und das Anthropozän

Einer der einflussreichsten Historiker unserer Zeit, der in diesem Buch bereits zitierte Bestseller-Autor Yuval Noah Harari, warnt in seinem neuesten Werk „Nexus: Eine kurze Geschichte der Informationsnetzwerke von der Steinzeit bis zur Künstlichen Intelligenz" vor der Macht der KI, indem er unter anderem folgendes Paradoxon illustriert: „Auf jedem Handy befindet sich heute mehr Information als in der antiken Bibliothek von Alexandria, und die Geräte ermöglichen den Nutzern den sofortigen Kontakt zu Milliarden anderen Nutzern aus aller Welt. Doch obwohl diese Unmengen an Information mit atemberaubender Geschwindigkeit zirkulieren, ist die Menschheit der Selbstauslöschung heute näher denn je."[19]

---

19   Harari, Yuval Noah: Nexus. Eine kurze Geschichte der Informationsnetzwerke von der Steinzeit bis zur künstlichen Intelligenz, München 2024, S. 20.

Weiter führt Harari aus, dass obwohl diese enormen Datenmengen den Menschen heute zur Verfügung stehen, wir nach wie vor Treibgase in die Atmosphäre ausstoßen, Flüsse und Meere verschmutzen, Wälder ausroden etc. Anstatt dass die Politiker nach Lösungen suchen (denn an Informationen mangelt es nicht), kommen sie dem Weltkrieg immer näher, so Harari.[20]

Die Autoren Jelena Mitsiadis und Manfred Pohl befassen sich in ihrem Buch „Die Erde als Spielball: Der Mensch hat das Anthropozän in der Hand" mit der Thematik des Anthropozäns, d. h. dem ersten Erdzeitalter, in dem der Mensch über seine Zukunft selbst entscheiden kann. Im Interview mit den Autoren stellt Klaus Töpfer hier fest, dass für den Menschen „die Entscheidungsstrukturen immer kurzfristiger werden, sodass eigentlich eine Debatte über Alternativen in Parlamenten gar nicht mehr stattfindet"[21]. Er stellt die Frage: „Wie kriegen wir denn eigentlich diese Beschleunigung im Entscheiden mit der Verbindung der Langfristigkeit der Folgen unserer Entscheidungen in Einklang mit einer Staatsform? Die Staatsform braucht hierbei eigentlich Zeit, um Alternativen zu entwickeln. In dieser Zeit merkt der Mensch allerdings auch immer stärker, dass diese Alternativen ja eigentlich gar nicht da sind."[22]

Wenn man die Entscheidungsdebatten in den Parlamenten und Staatsformen mit Meetings und Unternehmen vergleicht, stellt man rasch fest, dass es in den Unternehmen durchaus Alternativen gibt bzw. die Unternehmen diese relativ zügig entwickeln können. Dies können sie jedoch nur dann tun, wenn sie sich die Zeit nehmen, ihre Entscheidungen zu überdenken oder zumindest festzuhalten. Nicht nur für anstehende Entscheidungen, sondern auch für die spätere Analyse müssten die Unternehmen nach Möglichkeiten suchen, die

---

20 Ebd.
21 Pohl, Manfred; Mitsiadis, Jelena (Hrsg.): Die Erde als Spielball: Der Mensch hat das Anthropozän in der Hand, Frankfurt am Main 2018, S. 40.
22 Ebd.

Beschleunigung, die auch in Unternehmen spürbar ist, zu kontrollieren und, sollte sie einer positiven Entwicklung im Wege stehen, zu entkräften.

Die Hauptthese des Anthropozäns ist gleichzeitig der Titel des zitierten Buchs und lautet „Der Mensch hat das Anthropozän in der Hand". Der Mensch hat immer noch die Macht, über seine Zukunft zu entscheiden. Diese Macht bringt allerdings auch jede Menge Verantwortung mit sich. Um jedoch die rasanten Entwicklungen unserer Zeit analysieren zu können, bedarf es eines Mediums, ja einer Plattform, auf welcher diese Analyse stattfinden kann. Diese Plattform könnte die Zukunftschronik® sein, denn sie verbindet die Beschleunigung, die wir durch Digitalisierung, KI etc. spüren, mit den Folgen unserer Entscheidungen, und zwar sowohl aus dem geschichtlichen Kontext heraus als auch in Bezug auf die Zukunft, die wir allerdings nicht voraussehen können. Die Bestrebung der Zukunftschronik® ist aber ohnehin nicht das Voraussehen der Zukunft, sondern vielmehr die Analyse der jetzigen Entscheidungen und das Bewusstsein über die Langfristigkeit dieser, was wiederum am besten aus der Geschichte heraus erkennbar wird.

Bei beiden Perspektiven – Geschichte und Zukunft – ist es elementar, die Entscheidungen nicht unter dem Aspekt „richtig" oder „falsch" zu betrachten. Es geht vielmehr darum, die Folgen der geschichtlichen und der künftigen Entscheidungen – positive wie negative – zu analysieren, ohne deren Folgen – bekannte wie unbekannte – zu bewerten. Bei noch unbekannten Folgen gilt der Anspruch, durch die Analyse mehr Bewusstsein für die Zukunft zu schaffen und zu erörtern, welche Auswirkungen möglich sind.

Die allgemeine Geschichte bildet einen Rahmen, der generelle Tendenzen einer bestimmten Zeit beschreibt. In diesem Rahmen agiert die Unternehmensgeschichte, indem sie die Entwicklungen einzelner Unternehmen in den generellen Kontext einbettet. Genauso agiert die Zukunftschronik®: Hier bilden die künftigen Tendenzen und Trends den Rahmen, innerhalb dessen unternehmerische Entscheidungen anstehen oder sich neue Unternehmensformen bilden. Unabhängig davon, wie die Entscheidungen ausfallen werden, analysiert die Zukunftschronik® generelle Trends, aber auch Herausforderungen, vor denen die Unternehmen heute stehen oder mit denen sie in naher Zukunft konfrontiert werden. Dabei spielen neuere Unternehmensformen die gleiche Rolle wie etablierte Unternehmensstrukturen.

Die Zukunftschronik® ist keine „l'art pour l'art", denn mit ihr haben die Autoren viel praktischere Ziele für die Unternehmen. Eines dieser Ziele ist es, Beispiele zu liefern, die es den Unternehmen ermöglichen, sich gegenseitig zu befruchten. Die Zukunftschronik® kann also Transparenz schaffen und dadurch eine hochwertige Plattform bieten, auf deren Grundlage Unternehmen ihre Erfahrungen, Überzeugungen und Zweifel austauschen können und dabei nicht nur auf der Oberfläche bleiben – denn eine wissenschaftliche, fundierte Arbeit ist hier ebenso Pflicht wie bei der Unternehmensgeschichte.

Das nachfolgende Interview mit dem hochrangigen Wissenschaftler und KI-Pionier Prof. Wolfgang Wahlster wird neben der Betonung der Notwendigkeit einer Zukunftschronik® einen Expertenblick auf die für die Unternehmen relevanten Zukunftstendenzen werfen und hierbei ein weiteres Erfordernis attestieren, Unternehmenschroniken transparent und mit Weitblick zu gestalten.

1.2.3 Interview mit Wolfgang Wahlster

Zur Person

Wolfgang Wahlster hat als Professor für Künstliche Intelligenz (KI) das Deutsche Forschungszentrum für Künstliche Intelligenz (DFKI)

1.2 Die Zukunftschronik®

mitgegründet und als technisch-wissenschaftlicher Direktor sowie Vorsitzender der Geschäftsführung (CEO) das DFKI zur weltweit größten öffentlichen Forschungseinrichtung auf dem Gebiet der KI mit über 1000 Beschäftigten ausgebaut. Bereits 2011 prägte er den Begriff „Industrie 4.0", der in Deutschland eine neue Ära in der Wirtschaft und Wissenschaft einläutete und inzwischen weltweit als vierter großer Umbruch in der Industriegeschichte gesehen wird. Zudem ist er Mitglied der Nobelpreis-Akademie in Stockholm, der deutschen Nationalakademie Leopoldina sowie drei weiterer Akademien. Darüber hinaus ist er in zehn industriellen Aufsichtsräten und technischen Beiräten von Großunternehmen, Mittelständlern und Start-ups tätig. 2019 wurde er von der Gesellschaft für Informatik als einer von 10 prägenden Köpfen der deutschen KI-Forschung geehrt und vom Bundespräsidenten mit dem Großen Bundesverdienstkreuz des Verdienstordens der Bundesrepublik Deutschland ausgezeichnet. 2023 wurde er als erster KI-Forscher in die „Hall of Fame" der deutschen Forschung aufgenommen.

69 Prozent der deutschen Unternehmen sind der Meinung, dass KI die wichtigste Zukunftstechnologie darstellt.[23] Das vorliegende Interview soll aufzeigen, welche Zukunftsperspektiven sich Unternehmen in Deutschland und Europa angesichts der Digitalisierung und der sich immer weiter entwickelnden Künstlichen Intelligenz auftun und welche Rolle die Zukunftschronik® in diesen Prozessen spielen kann.

Das Gespräch

> Die Künstliche Intelligenz ist auf dem Vormarsch und der Fortschritt, der vor zwei Jahrzehnten noch undenkbar war, ist heute Realität. Dennoch braucht die Wirtschaft, zumindest hierzulande, sehr lange, um diese Realität zu akzeptieren und nach ihr

---

23 https://www.digitale-technologien.de/DT/Navigation/DE/Themen/KuenstlicheIntelligenz/KuenstlicheIntelligenz.html (Abgerufen am 10.12.2024).

> zu handeln. Welchen Beitrag kann Ihrer Meinung nach die Zukunftschronik® leisten, damit diese Lücke geschlossen werden kann?

In der Zukunftschronik® werden Blaupausen mit konkreten Erfolgsgeschichten präsentiert, wie die bestehenden Geschäftsmodelle, die Produktionsverfahren, der Vertrieb und die Unternehmensorganisation durch den Einsatz von Künstlicher Intelligenz transformiert werden können. Hierzu gibt es in Deutschland zahlreiche Beispiele besonders im Bereich der Familienunternehmen, welche mithilfe von Künstlicher Intelligenz schon heute eine enorme Innovationskraft entfalten und auf globalen Märkten u. a. im Maschinenbau, der Sensortechnik, der Robotik und der Medizintechnik Spitzenplätze belegen. Letztlich gilt es, Kunden und Auftraggeber jeden Tag aufs Neue mit den Produkten und Dienstleistungen zu begeistern.

> Unternehmensgeschichte ist ein längst etablierter Wissenschaftsbereich. Nun wollen wir mit der Zukunftschronik® einen weiteren Schritt gehen, und zwar in die Gegenwart und in die Zukunft. Somit wären beispielsweise auch Unternehmenschroniken von Start-ups denkbar. Was müsste bei der Zukunftschronik® angesichts dieser neuen Zielgruppen Ihrer Meinung nach besonders berücksichtigt werden?

Ohne erfolgreiche Ökosysteme aus Start-ups sind auch etablierte Großunternehmen und Mittelständler heute nicht mehr zukunftsfähig. Zukunftschroniken® von Start-ups können dabei als Vorbilder für eine Day-One-Mentalität eine wichtige Rolle spielen. Die Begeisterung für das neue Produkt und den Service, die Kundennähe, der Erfolgshunger des ersten Tages und die Freude an der Arbeit mit den jungen Talenten im Team des Start-ups sind wichtige Dimensionen des Day-One-Spirits, den eine Zukunftschronik® vermitteln

1.2 Die Zukunftschronik®

kann.[24] Um jeden Tag hochklassige Leistungen zu erbringen, muss die innere Haltung des Personals auch während der weiteren Firmenentwicklungsphasen auf höchstem Niveau bleiben. Hier können überzeugende Zukunftschroniken® von Start-ups in einigen Fällen sicherlich Rezepte liefern, um einen temporären Stillstand in etablierten Unternehmen zu überwinden.

> Sie sind als Mitglied in internationalen wissenschaftlichen Beiräten von Forschungsinstituten auf dem neuesten Stand, was die technologischen Entwicklungen betrifft. Werden sich Unternehmen in Zukunft zunehmend neue Technologien einstellen müssen und wenn ja, auf welche?

Die Wettbewerbsfähigkeit von Unternehmen mit technologiebasierten Geschäftsmodellen ist zukünftig nur zu sichern, wenn diese nicht nur vor der nächsten Innovationswelle surfen, sondern in der Lage sind, selbst neue Innovationswellen loszutreten. Es reicht nicht, Trends nur hinterherzujagen, sondern man muss mit Erfindergeist und der für erfolgreiche Technologen typischen Beharrlichkeit, Trendsetter zu bleiben, agieren.

Maschinelles Lernen mithilfe von digitalisierten Massendaten aus allen Bereichen der Wirtschaft, Wissenschaft und Gesellschaft wird in den nächsten Jahren eine neue Generation von Assistenzsystemen ermöglichen. Einige davon sind schon heute im Alltag und am Arbeitsplatz angekommen, werden aber in Zukunft Arbeits- und Geschäftsmodelle grundlegend verändern. Damit Deutschland weiterhin Produktionsstandort bleibt, werden immer mehr autonome Systeme, die sich auch selbst an neue Aufgaben adaptieren können, in der Industrie 4.0 eine zentrale Rolle spielen.

---

24   Siehe Wahlster, Wolfgang: Innovationswellen lostreten und Trendsetter bleiben, in: Abolhassan, Ferri (Hrsg.): Day One, Frankfurt 2024, S. 92–97.

Digitale Zwillinge und extrem große Sprach- und Aktionsmodelle (LLMs und LAMs) werden die Interaktion zwischen Mensch und Maschine im industriellen Metaverse auch durch hybride Team-Robotik prägen. Unsere Zielvorstellung, mit Dingen in unserem Umfeld wie mit menschlichen Partnern kommunizieren zu können, ist heute mit neurosymbolischen KI-Systemen in greifbare Nähe gerückt.

Folgen

Wenn man diese im Interview genannte Entwicklungen betrachtet, fällt Unternehmen eine Rolle zu, die einen enormen Einfluss auf die gesamte Gesellschaft hat. Nun stellt sich die Frage, wie Unternehmen mit dieser Verantwortung umgehen.

Die bisherige historische Forschung hat gezeigt, dass unternehmerische Entscheidungen weitreichende Folgen für die gesamte Gesellschaft haben. Werden Unternehmen diese Verantwortung wahrnehmen? Dies wird sich zeigen, indem sie im Vorfeld (nicht erst im Nachhinein) über die Konsequenzen ihrer Entscheidungen und Handlungen nachdenken. Eine wissenschaftlich fundierte Zukunftschronik® verfassen zu lassen, ist neben des Marketing-Aspekts, der Mitarbeiterbindung und des hohen Beitrags zum wissenschaftlichen Diskurs ein klares Signal, dass man als Unternehmer seine Rolle als Verantwortungsträger ernst nimmt.

Handlungsempfehlungen

- **Der Marketing-Aspekt: „Lass Zukunftschronik® verfassen und rede darüber"**
Die Zukunftschronik® ist eine Marke, die für Transparenz steht. Wenn die Unternehmer denken, dass ihre Zukunftsstrategien im Stillen erarbeitet werden müssen, ohne die anderen relevanten Akteure zu involvieren, passen sie nicht in die heutige Zeit. Sie müssen über das

Erreichte und das zu Erreichende gleichermaßen reden, denn nur durch diese Art der Kommunikation verkörpern sie Integrität.

- **Unternehmerische Verantwortung**
Das Erdzeitalter „Anthropozän" bringt (unternehmerische) Entscheidungen mit sich, die sehr langfristige Auswirkungen haben werden. Während sich Politiker mit konkreten Entscheidungen schwertun, müssen Unternehmer handeln und dabei Entscheidungen fällen. Ihre unternehmerische Verantwortung bringt jedoch mit sich, ihre Entscheidungen zu überdenken, zu analysieren und sie für die Zukunft festzuhalten. Dafür bietet die Zukunftschronik® eine hervorragende Plattform.

Bei der Analyse sollen sowohl der Rückblick in die Geschichte als auch der Blick in die Zukunft unterstützen, indem die geschichtlichen und die zukünftigen Entscheidungen im Gesamtkontext der Entwicklungen betrachtet werden. Nicht die Bewertung der Entscheidungen liegt jedoch im Fokus, sondern die langfristigen Folgen dieser Entscheidungen – positiv wie negativ.

Aus den Folgen heraus wird den Unternehmern bewusst, dass sie eine hohe Verantwortung für die Gesellschaft tragen. Aus diesem Verantwortungsbewusstsein heraus werden in einer Zukunftschronik® zeitgemäße Themen behandelt, die sowohl für die Unternehmen als auch für die Gesellschaft von hoher Relevanz sind.

- **Mitarbeiter**
Gerade die Mitarbeiter sind in Transformationsphasen gefordert. Sie müssen jeden Tag hochklassige Leistungen erbringen, zu welchen auch ihre innere Haltung passen muss. Überzeugende Zukunftschroniken®, beispielsweise von Start-ups, können etablierten Unternehmen exemplarische Impulse liefern, um einen temporären Stillstand zu überwinden. Darüber hinaus kann durch

die Behandlung der aktuellen Thematiken im Unternehmen den Mitarbeitern gegenüber eine klare Perspektive aufgezeigt werden, woraus diese einen Sinn hinter den Entscheidungen und Strategien der Unternehmensführung erkennen können. Dies steigert die Motivation der Mitarbeiter enorm.

2 Ein neues Zeitalter der Wirtschafts- und Unternehmenskultur

2.1 Historische Ketten

Anhand einiger Beispiele ausgewählter unternehmenshistorischer Entwicklungen soll in diesem Teil der Arbeit verdeutlicht werden, wie die Kenntnis historischer Prozesse, sog. historischer Ketten, in der strategischen Planung der Unternehmen eine nützliche Rolle spielen könnte. Alle diese Prozesse beinhalten ökonomische, politische, soziale und gesellschaftspolitische Veränderungen, die sich natürlich auf die Unternehmenskultur des Unternehmens auswirken. Erfolge von Unternehmensbranchen oder einzelnen Unternehmen hängen wesentlich von historischen Ereignissen oder Handlungen ab, die aus den unterschiedlichsten Motiven von Politikern, Unternehmern oder anderen Entscheidungsträgern angeregt und umgesetzt werden. Diese Handlungsmotive haben oft einen unternehmensgeschichtlichen Hintergrund und fast immer eine direkte Auswirkung auf die zukünftige Unternehmenskultur.

An einem markanten Beispiel soll einführend gezeigt werden, welche Möglichkeiten und Chancen ein Unternehmen hat, sich über die Aufarbeitung einzelner historischer Ketten eine Ausgangsbasis zu schaffen, die in den gegenwärtigen und zukünftigen Entscheidungsprozessen Berücksichtigung finden könnte.

Ein solches markantes und richtungsweisendes Beispiel stellt die Einstellung der ersten Frauen in den Banken im ersten Jahrzehnt des zwanzigsten Jahrhunderts dar. Dabei ist zu berücksichtigen, dass etwa seit Mitte des 19. Jahrhunderts neben den Privatbankiers auch erste große Aktienbanken entstanden waren. Banken waren geradezu prädestiniert dafür – im Gegensatz zu Branchen in der Industrie oder im produzierenden Gewerbe –, Frauen zu beschäftigen. Trotzdem war das Gegenteil der Fall. Sofort nach Bekanntwerden der Einstellung einer Frau in der Bank (ca. 1908 in der Deutschen Bank und der Disconto-Gesellschaft) bildete sich eine starke Opposition der männlichen Bankangestellten, die den Frauen alle geistigen Fähigkeiten für diesen Beruf absprachen. In allen Magazinen, die sich mit Banken befassten und in allen internen Mitteilungsblättern erschienen ablehnende Artikel (nur von Männern geschrieben) mit den abstrusesten Begründungen, warum eine Frau unfähig sei, in einer Bank zu arbeiten. Eine derartige Diskriminierung veränderte in den nachfolgenden Jahren das Verhältnis der Mitarbeiter in den Banken. Eine erste Annäherung fand während des Ersten Weltkrieges und der Inflationszeit statt, als die Banken gezwungen waren, wegen der Einberufung der männlichen Kollegen und der rapide wachsenden „einfachen" Arbeiten – insbesondere Sortierarbeiten – während der Inflationszeit verstärkt Frauen einzustellen.[25] Die Unternehmenskultur in den Banken versagte in allen Bereichen.

Handlungsempfehlung

Jedes Unternehmen sollte eine Aufarbeitung der Geschichte seiner Mitarbeiter in den unterschiedlichen Perioden im Unternehmen vorlegen.

Heute würde die dargestellte Problematik der Diskriminierung der Frau im Unternehmen unter dem Begriff „Diversity" und „Diversi-

---

[25] Vgl. Pohl, Manfred: Konzentration im deutschen Bankwesen, Frankfurt am Main 1982, S. 297 und Die Frau in der deutschen Wirtschaft. Referate und Diskussionsbeiträge des 8. Wissenschaftlichen Symposiums der Gesellschaft für Unternehmensgeschichte e. V., herausgegeben von Hans Pohl, Beiheft 35 der Zeitschrift für Unternehmensgeschichte, Stuttgart 1985. In den ausgezeichneten Referaten und Diskussionsbeiträgen über Frauen in den unterschiedlichsten Wirtschaftsbereichen fehlt leider die „Frau in der Kreditwirtschaft".

ty Management" behandelt werden. Die Unternehmensgeschichte kennt in jeder Epoche zahlreiche Beispiele für Diskriminierung in der ganzen Bandbreite.[26]

Zurecht betonen Patrick Peters und Martin Bauer: „Diversity ist das umfassende und nachhaltige Verständnis, dass jeder Mensch einzigartig ist und individuelle Unterschiede beispielweise hinsichtlich Rasse, ethnischer Zugehörigkeit, Geschlecht, sexueller Orientierung, sozioökonomischem Status, Alter, körperlicher Fähigkeiten, religiöser und politischer Überzeugungen etc. keine Rolle spielen."[27] Gegen alle Punkte dieser Aufzählung haben auch die Unternehmen zu allen Zeiten verstoßen.

Das oben genannte Beispiel „Die ersten Frauen in der Bank" steht stellvertretend für andere Beispiele der Diskriminierung, die in den unterschiedlichen Epochen seit der Mitte des 19. Jahrhunderts bis heute aufzeigen, welchen Nutzen und Wert die Aufarbeitung verschiedener historischer Ketten für ein Unternehmen haben kann.

Handlungsempfehlung

Jedes Unternehmen sollte historische Ketten in den unterschiedlichsten Bereichen zum Anlass nehmen, um Untersuchungen anzufertigen. Dabei geht es nicht allein darum, zu dokumentieren, wie es wirklich war, sondern vor allem geht es darum, aus den Beispielen zu lernen, was geschehen muss, um Diskriminierung, Rassismus, Antisemitismus etc. von vornehrein zu verhindern. Empfehlenswert sind auch übergreifende Studien zu diesen Themen, insbesondere wegen der spezifischen Geschichte Deutschlands, etwa die Stellung des Unternehmens und seiner

---

26 Einen hervorragenden Überblick gibt: Bauer, Martin; Peters, Patrick: Diversity Management, Stuttgart 2024.
27 Bauer, Martin; Peters, Patrick: Diversity Management, Stuttgart 2024, S. 7.

> Mitarbeiter im Nationalsozialismus (▶ Kap. 2.5) oder in der DDR (▶ Kap. 2.6.1).
>
> Diese vielseitigen Studien sind auch wichtig, um den Mitarbeitern, den Kunden und der Öffentlichkeit zu zeigen, dass es dem Unternehmen mit seiner Unternehmensgeschichte und seiner Unternehmenskultur ernst ist und dass das Unternehmen gewillt ist, die aus den Studien erlangten Erkenntnisse umzusetzen.

2.2 Die „sechs Revolutionen"

Die Erfindungen und wissenschaftlichen Erkenntnisse, beginnend im 15. Jahrhundert mit einer kontinuierlichen Steigerung in den nachfolgenden drei Jahrhunderten und schließlich einer kometenhaften Entwicklung im 19. Jahrhundert, können mit Recht als Zeitalter der Revolutionen und Reformen bezeichnet werden. Oft wird vergessen, dass das gesamte Wirtschaftssystem, das sich im Laufe des 19. Jahrhunderts herausbildete, das Ergebnis von zahlreichen Einzelrevolutionen war, von sechs Revolutionen, die in ihrer Bedeutung alle einzigartig waren und insgesamt unter dem Begriff „Industrielle Revolution" geführt werden.[28]

Sie beinhalten neue wissenschaftliche Erkenntnisse (Wissenschaftliche Revolution), politische Forderungen (Politische Revolution), technische (Technische Revolution), soziale (Soziale Revolution), agrarische (Landwirtschaftliche Revolution) und medizinische (Medizinische Revolution) Erfindungen und deren Umsetzung. Erst das

---

[28] Auf die weiteren Revolutionen (Industrie 1.0 bis Industrie 4.0), Massenproduktion und Fließbandarbeit, Automatisierung durch Elektronik und IT sowie Digitalisierung früherer analoger Techniken und Integration und Ausbau cyber-physischer Systeme wird in den jeweiligen Kapiteln eingegangen (vgl. Kagermann, Henning; Wahlster, Wolfgang: Ten Years of Industrie 4.0, in: Sci 2022, 4, S. 26).

Ineinandergreifen dieser Revolutionen ermöglichte den „Sprung in die Moderne". Es ist bezeichnend, dass diese Revolutionen und Reformen sich gegenseitig inspirierten und ergänzten. Ohne die Revolutionen wären die Reformen nicht möglich gewesen. Beide sind der Kern, die Voraussetzung, ohne die eine Rechts- und Gesellschaftsform wie die Aktiengesellschaft nicht möglich gewesen wäre.

Daher ist dieses Ineinandergreifen von Revolution und Reform die zentrale Basis, die zur Gründung und Entwicklung von Unternehmen in bisher nicht gekanntem Ausmaß führte. Der Übergang von einer Agrar- zu einer Industrie- und Dienstleistungsgesellschaft schuf eine neue Unternehmensstruktur und Unternehmenskultur. In dieser dominierten nicht nur die Beschäftigung in der Landwirtschaft, in kleinen Handwerksbetrieben oder Handelsgesellschaften, vielmehr spielten große kapitalstarke Aktiengesellschaften in den rasch wachsenden Städten eine zentrale Rolle. Die Hochzeit des 19. Jahrhunderts mit dem Herausbilden von Kapitalgesellschaften (Aktiengesellschaft etc.) und der Umsetzung der vorausgegangenen und aktuellen Erfindungen in den hierzu neu gegründeten Unternehmen führte dazu, dass die Basis zu einer eigenständigen unternehmensgeschichtlichen Forschung gelegt wurde – auch wenn es teilweise noch über hundert Jahre dauerte, bis deren Bedeutung erkannt wurde.

Ende des 18. und zu Beginn des 19. Jahrhunderts ging es den meisten Bürgern sehr schlecht. Sie litten unter Armut, Hunger und hatten keinerlei Rechte. Berufliche oder soziale Aufstiegsmöglichkeiten gab es nicht. Der Reichtum lag beim steuerfreien Adel und die alleinige Macht war beim König oder den Fürsten. In den „freien" Städten herrschte eine kleine Schicht von reichen Bürgern. Das unterdrückte Volk verlangte nach mehr Rechten und war auch bereit, für diese zu kämpfen. Es war eine neue Epoche – eine Politische Revolution – angebrochen. Das Zeitalter der Aufklärung rückte Philosophen wie Kant, Hegel, Voltaire und Rousseau in den Fokus. Der Mensch wollte frei sein. Die Philosophen machten den Menschen für sein Handeln eigenverantwortlich und sagten ihm, er könne durch sein Handeln seine Zukunft bestimmen. Die Ziele, die von nun an im Mittelpunkt standen, waren Demokratie, Pressefreiheit, Menschen- und Bürgerrechte sowie Vereins- und Versammlungsfreiheit und nationale Unabhängigkeit – Ziele, die bis heute im Mittelpunkt demokratischer Zielsetzung stehen. Die Französische Revolution von 1789 war ein erster sichtbarer Ausdruck dieses neuen Denkens.

Nach jahrelangen Unruhen in Europa fanden sich im Wiener Kongress 1814/1815 die Staatsmänner Europas unter der Leitung des Fürsten von Metternich zusammen, um eine friedliche Ordnung herzustellen. Ziel des Kongresses war, eine territoriale Neuordnung mit vielen liberalen Ideen zu schaffen. Allerdings blieben die altherkömmlichen Staatsformen bestehen: Kaiser, König, Fürsten etc. Die politischen Auseinandersetzungen um mehr Rechte für alle Bürger gingen jedoch weiter, wie die Revolutionen des Jahres 1848 dokumentieren.

Jede Hochphase hat einen kulturellen Hintergrund, sozusagen einen Kulturaufbruch, der schrittweise die kognitive Leistungsfähigkeit der Menschen in einem bestimmten Teil der Erde zu Höchstleistungen treibt. Beispiele gibt es genügend: Assyrer, Ägypter, Griechen, Römer oder die Inka und Azteken in Südamerika. China hatte schon sehr früh Hochkulturen, die sich bis ins 12. Jahrhundert n. Chr. in verschiedenen Phasen dokumentierten. Es gibt viele andere Beispiele, aber feststeht, dass jede Kultur etwas ausbildet, das man ihre „konnektive Struktur" nennen könnte.[29] Dabei spielt sowohl die Sozial- als auch die Zeitdimension eine entscheidende Rolle.

So stellt sich beispielsweise in Europa die Frage, ob die Aufklärung ohne die Pest im 14. Jahrhundert und dem damit verbundenen Vertrauensverlust gegenüber der Kirche und ihren Institutionen, aber

---

29 Assmann, Jan: Das kulturelle Gedächtnis. Schrift, Erinnerung und politische Identität in frühen Hochkulturen, München 1999, S. 16.

auch durch die Forschungen von Galileo Galilei, Nikolaus Kopernikus, Johannes Keppler u. a. sowie die Erfindung des Buchdrucks oder die Entdeckungsreisen des Kolumbus überhaupt möglich gewesen wäre. Die „Wissenschaftliche" bzw. „Kulturelle Revolution" bildete die geistige Basis, um alles anzuzweifeln und zu verändern. Diese Zeitschiene setzte sich nahtlos im 19. und 20. Jahrhundert mit einer ungeahnten Dichte an geistigen Höchstleistungen und Erfindungen fort und veränderte infolge der Beschleunigung, die immer neue Höchstleistungen hervorbrachte, die gesamte Sozialstruktur Europas und schließlich der gesamten Welt.

Die herkömmlichen politischen, wirtschaftlichen (finanztechnischen) und kulturellen Systeme (feudale Herrschaftsstrukturen, kleine Unternehmen, Handelsgesellschaften, Privatbankiers etc.) waren völlig überfordert. Erst die Installation neuer politischer, wirtschaftlicher und kultureller Institutionen brach dieses System auf; so z. B. die Erfindung der Aktiengesellschaft, die das notwendige finanzielle Instrumentarium lieferte, um die Moderne zu gestalten. Die Aktiengesellschaft als neue Unternehmensform ermöglichte die Finanzierung dieses Kulturaufbruchs.

Wirtschaftlich gesehen wurde das 19. Jahrhundert durch nichts so stark verändert wie durch die „Technische Revolution". Viele neue technische Erfindungen hatten Auswirkungen auf das Leben der damaligen Gesellschaft, sowohl im ökonomischen als auch im sozialen Bereich. Durch die Erfindung der Dampfmaschine und des mechanischen Webstuhls sowie dem Abbau und der Nutzung von Kohle gelang es der Industrie, sich zusehends zu vergrößern. Die Unternehmen setzten auf Kohle und Stahl, wodurch die Montanindustrie sich vor allem im Ruhrgebiet, aber auch in Schlesien und dem Saarland rasant entwickelte.

Trotz der positiven Ergebnisse, welche die neuen Maschinen und die Gründung bedeutender Unternehmen mit sich brachten, gab es auch berufliche Verlierer. Die schnelle und effektive Maschinenarbeit führte dazu, dass im 19. Jahrhundert viele traditionelle Produktionen ihre Arbeit einstellen mussten.

Die ersten Eisenbahnen trieben durch eine schnellere Vernetzung innerhalb Europas Wirtschaft und Handel stark an. In Deutschland wurde am 7. Dezember 1835 die erste Eisenbahnlinie eröffnet, die sechs Kilometer lange Strecke zwischen Nürnberg und Fürth. Hier wurde der Grundstein für große Unternehmen im Verkehrswesen gelegt. Jede Erfindung bedeutete auch die Errichtung neuer großer Unternehmen. Mit der Erfindung des Autos und hiermit der großen Autokonzerne begann ein Wettlauf zwischen Straße und Schiene. Zudem forderten Chemie, Elektrizität etc. eine außergewöhnlich hohe Finanzierung, die nur durch die Aktiengesellschaft geleistet werden konnte. Der Aufbau eines kapitalkräftigen Finanzsystems und die Gründung von starken Aktienbanken war die Folge.

Auch kreative Industrien wie Kino und Fotografie zeigten den Menschen eine völlig neue Dimension, die sich ebenfalls in verbesserter Telegrafie äußerte. Diese machte es dank Seekabeln möglich, dass Informationen zwischen Amerika und Europa direkt weitergeleitet werden konnten und so eine permanente Verbindung zwischen den zwei Kontinenten bestand.

Aber die „Industrielle Revolution" wäre ohne die „Soziale Revolution" nicht möglich gewesen.[30] Die neuen modernen mit Dampfkraft betriebenen Fabriken im Ruhrgebiet, im Saarland und in Schlesien konnten nun auf Masse produzieren, aber nur dann, wenn genügend billige Arbeitskräfte zur Verfügung standen. In den Städten regulierten Zünfte und Gilden das Berufsleben. In der Landwirtschaft, in der zu diesem Zeitpunkt circa drei Viertel der Menschen

---

30　Henning, Friedrich Wilhelm: Deutsche Wirtschafts- und Sozialgeschichte im 19. und 20. Jahrhundert, in: Handbuch der Wirtschafts- und Sozialgeschichte, Bd. 2, Paderborn 1996, S. 224ff.

2.2 Die „sechs Revolutionen"

tätig waren, dominierten Abhängigkeiten und Frondienste. Dadurch gab es keine freien Arbeitskräfte, schon gar nicht in der benötigten Anzahl. In den Stein-Hardenberg'schen Reformen 1809 und 1811 – der sog. Bauernbefreiung und Gewerbefreiheit – wurden die Voraussetzungen geschaffen, dass alle Beschäftigten ihren Beruf frei wählen dürfen. Durch die Bauernbefreiung, d. h. durch die Aufhebung der Leibeigenschaft, später der Patrimonialgerichtsbarkeit, durften die Bauern ihre landwirtschaftliche Tätigkeit aufgeben und in die Industriezentren ziehen, um in den rasch wachsenden Fabriken Arbeit zu finden.[31] Die städtebaulichen Maßnahmen konnten die Nachfrage nicht befriedigen, sodass das Elend der Arbeiter und der Kinderarbeit über Jahrzehnte soziale Brennpunkte bildete. Das Dienstleistungsgewerbe, Banken, Versicherungen, Handel etc. rekrutierten ihre Arbeitskräfte aus dem Bürgertum der Städte und aus den Bürgern, die durch die Gewerbefreiheit ihren Beruf nun frei wählen konnten. Auch hier herrschte Armut, aber bei weitem nicht in dem Maße wie in den Arbeitervierteln.

Aber trotz der Erfindungen der Industriellen Revolution und der Gewerbefreiheit sowie der Bauernbefreiung, durch die nun Arbeitskräfte zur Massenproduktion zur Verfügung standen, wäre der „Sprung in die Moderne" beinahe gescheitert, weil das Ernährungssystem, d. h. die landwirtschaftliche Produktion, auf derartige Menschenmassen in den Städten, die zudem für die Arbeit in der Landwirtschaft ausfielen, nicht vorbereitet war. Erst die Erfindung des künstlichen Düngers durch Justus von Liebig (1803–1873) um 1840 sowie zahlreiche Verbesserungen infolge der Dampfkraft im Maschinenpark und die damit verbundene Aufgabe der Dreifelderwirtschaft steigerten die landwirtschaftlichen Erträge derart, dass die Ernährung der Menschen in den rasch wachsenden Städten der Industriezentren möglich wurde.

---

31   Treue, Wilhelm: Wirtschaftsgeschichte der Neuzeit. Bd. 1, 18. und 19. Jahrhundert, Stuttgart 1973, S. 415ff. und S. 534ff.

Als Letzte der Revolutionen trug die „Medizinische Revolution" dazu bei, dass sich in den Städten, besonders in den großen Betrieben und somit auch in den Arbeitervierteln, Hygiene und medizinische Versorgung verbesserten und schließlich durch die Erfindung von Sulfonamiden und des Penizillins tödliche Infektionskrankheiten behandelt werden konnten.

Das Ineinandergreifen der sechs Revolutionen in der historischen Dimension fast zeitgleich (innerhalb weniger Jahrzehnte) – ein bis heute nicht klar definiertes Geschichtsphänomen – ermöglichte erst den Kultursprung, der bis heute in immer heftigeren Beschleunigungswellen – neuen Revolutionen – anhält. Diese Entwicklungen bildeten die unabdingbare Voraussetzung für die Gründung und Entwicklung neuer Unternehmen und Unternehmensstrukturen. Aber klar ist auch, dass hier die Basis für das nachfolgende moderne Wirtschaftssystem mit der Aktiengesellschaft als einem Zentrum geschaffen wurde.

Ohne die politischen, wissenschaftlichen bzw. kulturellen, technischen, sozialen, landwirtschaftlichen und medizinischen Fortschritte und das fast zeitgleiche Ineinandergreifen dieser Entwicklungen wären weder der wirtschaftliche Aufstieg im 19. und 20. Jahrhundert noch die politischen Veränderungen möglich gewesen. Sie waren die Voraussetzungen, dass z. B. die Aktiengesellschaft als Symbol der kapitalstarken Gesellschaften den raschen und gewaltigen Aufstieg von Unternehmen gewährleistete.

Die sechs Revolutionen hatten natürlich einen prägenden Einfluss auf die wissenschaftliche Behandlung dieser Entwicklungen. Zunächst dominierten die Theorien der Erfinder, die klare Aussagen zu der Bedeutung ihrer Erfindung für die zukünftige Gestaltung von Wirtschaft und Gesellschaft machten. Auffallend ist, dass die großen europäischen Universitäten mit ihren Instituten, die immer noch geisteswissenschaftlich ausgerichtet waren, auf die Erfindungen keinen Einfluss hatten, d. h. an der Forschung und Umsetzung nicht beteiligt waren.

Die Väter der Nationalökonomie wie Adam Smith (1723–1790) oder David Ricardo (1772–1823) hatten die Erfindungen nicht als Basis von neuen Wirtschafszweigen und Unternehmensgründungen im Blickfeld, sondern befassten sich mit übergreifenden gesamtökonomischen Themen. Die Vertreter der Historischen Schule der Nationalökonomie wie Hans von Mangoldt (1824–1868) und Gustav von Schmoller (1838–1917) wiesen dem Staat eine zentrale Verantwortung zu, da sie den ungezügelten Marktkräften misstrauten.[32]

Andererseits entwickelte sich parallel dazu der vor allem von Karl Marx und Friedrich Engels geprägte Sozialismus/Kommunismus. Infolge unterschiedlicher Interpretationen seiner Anhänger, wie z. B. Rudolf Hilferding, Rosa Luxemburg, Nikolai Bucharin oder W. I. Lenin, die von der politischen Ökonomie ausgingen,[33] wurde die Welt nach dem Ersten Weltkrieg in zwei Gesellschaftssysteme geteilt. In beiden Systemen spielten die neuen Unternehmensformen die zentrale Rolle, in beiden bildeten sie den Nukleus des Gesellschafts- und Wirtschaftssystems.

---

32 Eine gute Einführung und Übersicht zu diesen ersten ökonomischen Theorien gibt Berghoff, Hartmut: Moderne Unternehmensgeschichte, a. a. O., S. 27ff., hier S. 30.
33 Hardach, Gerd; Karras, Dieter: Sozialistische Wirtschaftstheorie, Darmstadt 1975, S. 73ff.

2.3 Die Aktiengesellschaft – die dominante Unternehmensform

2.3.1 Strategische Neuausrichtung des Wirtschaftssystems

Keine Gesellschaftsform hat die Wirtschaft so nachhaltig verändert wie die Aktiengesellschaft. Mit ihr entstand eine Unternehmensform, die in neue Dimensionen führte und den Unternehmern eine Organisation und Struktur zur Verfügung stellte, die geeignet war, die gewaltigen Erfindungen und Neuerungen umzusetzen.

Betrachtet man die Entwicklung der Aktiengesellschaft in Deutschland im 19. Jahrhundert, so lässt sich unschwer erkennen, dass hier viel weniger Aktiengesellschaften gegründet wurden als z. B. in England oder den USA. Das lag wesentlich an der Organisationsstruktur der deutschen Wirtschaft. Das Interesse der Unternehmer lag vor allem im Eisenbahnbau, im Schifffahrtshandel und im Bergbau. Diese stellten für die meisten von ihnen die Industrien der Zukunft dar, in welche die Unternehmer bereit waren zu investieren. Anfangs wurde die Industrialisierung noch stark durch Eigenkapital der Unternehmen, durch private Investitionen aus dem Familien- und Freundeskreis und nur ausnahmsweise über Bankkredite finanziert. Die Finanzierung von Unternehmensgründungen blieb bis in die zweite Hälfte des 19. Jahrhunderts eine Domäne der Privatbankiers. Diese doch sehr begrenzten Finanzierungsmöglichkeiten änderten sich jedoch im Laufe des 19. Jahrhunderts durch die Expansion der alten und neuen Industrien, insbesondere weil hier die neuen technischen Entwicklungen die stärksten Auswirkungen zeigten. In Deutschland entstanden die ersten Großbanken sowie Kapital- und Aktiengesellschaften. Ihre Anzahl blieb anfangs allerdings noch begrenzt.

Die Frankfurter Börse begann mit dem Handel von Aktien im 18. Jahrhundert zögerlich. Die erste Aktie erschien wohl erst 1820 an der Börse. Eine Ausnahme bildeten die Staatsanleihen des Bank-

2.3 Die Aktiengesellschaft – die dominante Unternehmensform

hauses Bethmann, das die erste Millionenanleihe seiner Papiere für den deutschen Kaiser im Jahr 1779 in Wien herausbrachte. Auch das Bankhaus Rothschild, das Bankhaus Metzler und einige andere Privatbanken beteiligten sich an der Emission von Staatsanleihen. Aber ein Unternehmen auf der Basis von Aktien zu gründen, das war völlig ausgeschlossen.

Für die Gründung einer Aktiengesellschaft war in Deutschland immer noch die Genehmigung des Staates bzw. der Regierung und in Preußen die des Königs erforderlich. Das Preußische Allgemeine Landrecht von 1794 kannte die Aktiengesellschaft noch nicht. Bis 1835 wurden in Preußen wegen der geringen Industrialisierung lediglich 35 Unternehmen in der Rechtsform einer Aktiengesellschaft errichtet. Der Eisenbahnbau gilt als „Gründungstreiber" von Aktiengesellschaften. Die preußische Regierung erkannte die Bedeutung des Schienennetzes sowohl für die Infrastruktur als auch für den Truppen- und Materialtransport des Militärs. 1843 entschloss sich daher die preußische Regierung, das erste preußische Aktiengesetz zu erlassen. Dieses Gesetz schuf für die Aktiengesellschaften die langersehnte Sicherheit.

Erst 1869 erschien das erste Allgemeine Deutsche Handelsgesetzbuch (HGB), in dem auch das Aktienrecht verankert war. Überwiegend in den Rheinlanden, wo zahlreiche Unternehmen der Montan- und Hüttenindustrie ihren Standort hatten, gestaltete sich die Finanzierung der Rohstoffe und der Produktion immer schwieriger. Der gewaltige Bedarf an finanziellen Mitteln konnte durch die Privatbankiers oder befreundete Investoren nicht mehr gedeckt werden. Das heißt konkret: Die Aktiengesellschaft als Rechtsform für Industrieunternehmen allein genügte nicht. Es war unabdingbar, vor allem Kreditinstitute in der Rechtsform einer Aktiengesellschaft zu gründen, die in der Lage waren, finanzielle Investitionen in bis zu diesem Zeitpunkt nicht gekannter Höhe zu leisten. Das war allerdings in Preußen rechtlich nicht möglich.

Eine gewaltige Reorganisation des Wirtschaftssystems, die infolge der Industriellen Revolution mit ihren sechs „Bereichsrevolutionen" unumgänglich war, setzte etwa Mitte des 19. Jahrhunderts ein. Eine strategische Neuausrichtung der Strukturen, Ressourcen und Prozesse im bestehenden Bankwesen und in den Unternehmen war gefordert, um die Wettbewerbsfähigkeit, die Effizienz und Agilität zu steigern. Die Basis dieser ersten gewaltigen Umstrukturierung war geprägt durch die Gründung von Unternehmen und schließlich auch von Banken in der Rechtsform einer Aktiengesellschaft.

Wer sich in einer Bank oder einem Unternehmen mit den Eckpunkten der Reorganisation von Wirtschaftssystemen und ihrer Einheiten auseinandersetzen möchte – in der Wissenschaft wie in der Praxis –, findet in der obigen Beschreibung der strategischen Neuausrichtung des Wirtschaftssystems Mitte des 19. Jahrhunderts ein einmaliges Potential.[34] Es dokumentiert jegliche Veränderungen, die durch hunderte Erfindungen und Neuentwicklungen alle Bereiche des Alltags betrafen.

In der zweiten Hälfte des 19. Jahrhunderts führten diese Entwicklungen in den Banken und Unternehmen zu neuen strategischen Überlegungen und zukunftsorientierten Maßnahmen. Proaktiv und strategisch klug untermauert, gelang es den deutschen Banken und Unternehmen, eine weltweite Dominanz aufzubauen. Vor allem der Erfindergeist und die Innovationsfähigkeit waren hierbei die entscheidenden Faktoren.

An diesem Aufbruch in die Zukunft hatten die rheinländischen Bankiers und Unternehmer einen bedeutenden Anteil. Köln wurde zum Zentrum dieser Bewegung. Dort kämpfte seit den 1830er Jahren eine Gruppe von Bankiers und Unternehmern um die Zulassung der

---

34 Vgl. Kocka, Jürgen: Kampf um die Moderne. Das lange 19. Jahrhundert. 2. Auflage 2022 und Henning, Friedrich-Wilhelm: Handbuch der Wirtschafts- und Sozialgeschichte Deutschlands, Band 1–3/II, 1991–2013.

Gründung von Aktienbanken: Abraham Oppenheim, Gustav Mevissen, Ludolf Camphausen und David Hansemann. Abraham Oppenheim, Mitinhaber des Kölner Bankhauses S. Oppenheim & Cie., war zusammen mit Wilhelm Ludwig Deichmann und Ludolf Camphausen an der Errichtung von verschiedenen Eisenbahnprojekten beteiligt, so wie z. B. an der Rheinischen Eisenbahn von Köln zur belgischen Grenze im Jahre 1833. Hier kreuzten sich ihre Pläne mit David Hansemann, dem damaligen Präsidenten der Aachener Handelskammer. Dieser hatte ein großes Interesse daran, dass diese Eisenbahn Düren und Aachen tangiert. Obwohl sich Gustav Mevissen, David Hansemann, Ludolf Camphausen, Abraham Oppenheim und Ludwig Wilhelm Deichmann in diesen Jahren in allen industriellen Bereichen häufig als Konkurrenten gegenüberstanden, versuchten sie mit großer Beharrlichkeit und Einigkeit der preußischen Regierung in Berlin klarzumachen, dass die Voraussetzung zum Aufbau eines modernen Industriestaates die Aktienbank war. Industrieaktiengesellschaften ohne Aktienbanken konnten ihrer Meinung nach nicht funktionieren.

2.3.2 Die erste Aktienbank in Köln

Nach 1845 gab es in allen Teilen Deutschland Bestrebungen, Banken zu errichten, um den Finanzhunger der rasch wachsenden Industrie zu stillen. Die erste deutsche und preußische Aktienbank ohne das Recht der Notenausgabe und mit dem direkten Ziel, Handel und Industrie zu fördern, sich an der Gründung von Industrieunternehmen zu beteiligen, das Emissionsgeschäft und alle sonst üblichen Bankgeschäfte zu betreiben, war der aus der Umwandlung des Bankhauses A. Schaaffhausen am 28. August 1848 hervorgegangene A. Schaaffhausen'sche Bankverein.

Überhaupt hat das Jahr 1848 für die Entwicklung von Politik und Wirtschaft eine zentrale Bedeutung, nicht nur wegen der im März ausbrechenden Revolution und der Nationalversammlung in der Paulskirche in Frankfurt am Main, sondern vor allem auch wegen der Neuausrichtung und Weiterentwicklung der Wirtschaft. Diese wurde vorwiegend durch das Engagement von Politikern aus der Rheinprovinz geprägt, wie Hermann von Beckerath, Ludolf Camphausen und David Hansemann, die sich in Frankfurt am Main in der Nationalversammlung, aber vor allem in das politische Geschehen in Berlin involvierten. Schließlich erreichten sie es, dass Ende März der Vorsitzende des Staatsministeriums Graf Arnim mit seinem Kabinett zurücktrat und Ludolf Camphausen, der Präsident der Handelskammer zu Köln, zum Vorsitzenden des Staatsministeriums und David Hansemann, der Präsident der Handelskammer zu Aachen, zum Finanzminister ernannt wurden. Beiden oblag die Verwaltung des Staatsschatzes und des Münzwesens in gemeinsamer Abstimmung.

Es war klar, dass beide nun ihre Wirtschaftsideen verwirklichen wollten, d. h. die Aktiengesellschaft und insbesondere die Aktienbank im deutschen Wirtschaftssystem fest etablierten. Diese Initiative der rheinischen Wirtschaftsführer und die Umsetzung ihrer Ideen im ersten Gründungsboom von Aktienbanken von 1848 bis 1856 und deren Auswirkungen auf die gleichzeitig stattgefundene Gründungswelle von Industrieaktiengesellschaften haben den Weg bereitet, den dann ihre Nachfolger in der Zeit nach 1869, dem Beginn des zweiten Gründungsbooms von Aktiengesellschaften, weitergehen und ausbauen konnten.

Sie nutzten die Märzkrise 1848 geschickt aus. Zahlreiche Privatbankiers in fast allen Städten Deutschlands mussten von Berlin aus gestützt werden oder Insolvenz anmelden. Die Unternehmen erhielten kaum noch Kredite. Die Errichtung von öffentlichen Darlehenskassen sollte Abhilfe schaffen. Diese Maßnahmen erwiesen sich als sehr erfolgreich. Langsam besserte sich die Situation und die Banken und Unternehmen begannen, die Krise aufzuarbeiten.

Ein Opfer der Krise war das Kölner Bankhaus A. Schaaffhausen. Ob es wirklich insolvent war, kann bezweifelt werden. Jedenfalls nutzten die rheinländischen Wirtschaftsführer diese Situation, um die erste Aktienbank in Deutschland zu gründen. Interessant ist, dass in der Gläubigerversammlung vom 3. Juni 1848, als das neue Statut mit den Bedingungen der Umwandlung in eine Aktiengesellschaft vorgelegt wurde, den Gläubigern erst zu diesem Zeitpunkt bewusstwurde, dass ihre Forderungen in verwertbare Anteilspapiere umgewandelt werden sollten. Erst als der Forderungsbetrag von den führenden Persönlichkeiten garantiert wurde, stimmten alle zu. Die meisten wussten nicht, wie eine Aktiengesellschaft funktionierte. Es war übrigens das erste Mal in der Geschichte des Bankwesens, dass eingefrorene Kredite in Aktien umgewandelt wurden – eine Methode, die noch Schule machen sollte.

Abraham Oppenheim und Gustav Mevissen zogen in Köln die Fäden. Ludolf Camphausen und David Hansemann sorgten in Berlin für die Unterschrift des Königs. Es war nach 24 Jahren die erste Konzession einer Bank in Preußen und überhaupt die erste Konzession einer Privatbank ohne Notenemissionsbefugnis.

Einmal erfolgreich mit der Umwandlung der Privatbank A. Schaaffhausen in eine Aktiengesellschaft, wollten die Akteure weitere Institute als Aktiengesellschaft gründen. In dieser ersten Gründungswelle von 1848 bis 1856 wurden u. a. die Disconto-Gesellschaft in Berlin, die Bank für Handel und Industrie in Darmstadt sowie die Berliner Handels-Gesellschaft errichtet.

Vor allem die Errichtung der Direction der Disconto-Gesellschaft in Berlin durch David Hansemann brachte eine entscheidende Neuerung bei der Gründung von Kapitalgesellschaften. Hansemann hatte sich während seiner Zeit als Chef der Preußischen Bank von September 1848 bis April 1851 mit der Gründung einer Bank als Aktiengesellschaft in Berlin befasst, die ähnlich strukturiert sein sollte wie der im Sommer 1848 in Brüssel errichtete „Kreditverein auf Gegenseitigkeit".

Dieser sollte den kleineren Kaufleuten und Gewerbetreibenden durch Assoziation mit größeren einen reellen und billigen Kredit verschaffen. Allerdings erhielt er für das von ihm verfasste Statut keine Genehmigung. Nach langen Verhandlungen und mehreren Änderungen wich Hansemann vom ursprünglichen streng genossenschaftlichen Charakter ab, indem er der Generalversammlung vom 19. April 1854 vorschlug, die Aufnahme von Kommanditären mit einem voll eingezahlten Mindestkapital von 50 000 Talern (später 60 000 Taler) zuzulassen. Das neue Statut mit Komplementären und Kommanditisten und die Umwandlung ergaben eine neue Rechtsform der Kapitalgesellschaft: die Kommanditgesellschaft auf Aktien.

Exkurs: Zukunftsmodell Kapitalismus: Köln 1848

In Köln wurde 1848 Weltgeschichte geschrieben. Karl Marx hatte gerade in Brüssel das „Kommunistische Manifest" veröffentlicht, reiste nach seiner Ausweisung aus Brüssel über Paris nach Köln, wo er eine Zeitung – die Neue Rheinische Zeitung – herausgeben wollte, die mehr war als ein Informationsblatt, sie war Programm. Seine Frau Jenny und er wohnten in Köln in der Cäcilienstraße 7, nahe der Redaktion, in der Straße An St. Agatha 12, später Unter Hutmacher Nr. 17.

Nur ein paar Gassen und Straßen weiter, im Haus Trankgasse Nr. 23, agierte eine andere Gruppe, um die Welt zu verändern. Marx kannte sie alle. Er war ihnen 1841 in Köln begegnet, als er Herausgeber der Rheinischen Zeitung war. Junge enthusiastische Bürger wie der Assessor Dagobert Oppenheim und der Referendar Georg Jung arbeiteten damals mit den führenden Persönlichkeiten des „Kölner Kreises" wie Ludolf Camphausen und David Hansemann zusammen.

2.3 Die Aktiengesellschaft – die dominante Unternehmensform

Aber seitdem waren bereits sieben Jahre vergangen. 1848 war der Abstand zu den Kölner Bankiers schon zu groß, um gemeinsam mit ihnen die Welt zu verändern. Die Marx'sche Forderung, die Banken zu verstaatlichen und das Eigentum abzuschaffen, hatte sie getrennt.

Die großen rheinischen Kaufleute, Unternehmer und Bankiers wie Gustav Mevissen, David Hansemann, Abraham Oppenheim und Wilhelm Deichmann dachten nicht daran, ihre Banken, Versicherungen oder Unternehmen zu verstaatlichen. Im Gegenteil, sie wollten einer neuen Rechtsform in der Wirtschaft zum Erfolg verhelfen: der Aktiengesellschaft. Die Aktionäre sollten die neue tragende gesellschaftliche Schicht sein. Eines Tages, so glaubten sie, würden auch die Mitglieder des Proletariats Aktien besitzen und am Reichtum teilnehmen.

Zwei unterschiedliche Zukunftsmodelle prallten in Köln 1848 aufeinander. Während in Berlin und Paris die Revolution niedergekämpft wurde und in Frankfurt am Main die Nationalversammlung unentwegt tagte, wurde in Köln Weltgeschichte geschrieben (nicht in Paris, Berlin oder Frankfurt am Main). Die einen wollten die Herrschaft des Proletariats, die anderen die Aktienbank, das Symbol des Kapitalismus.

2.3.3 Die Aktiengesellschaft setzt sich durch

Die Kölner Privatbankiers hatten gezeigt, zu welchen finanziellen Leistungen eine Aktienbank fähig war. In Berlin, Dresden, Frankfurt am Main, Hamburg, München usw. überlegten sie, wie sie diese neue Bankenform für sich nutzen konnten. Sie überlegten, wie sie sich infolge der rechtlichen Struktur der Aktiengesellschaft – Vorstand, Verwaltungsrat (Aufsichtsrat), Generalversammlung (Hauptversammlung) – in dieser ein „unerschöpfliches" Finanzierungsinstitut schaffen konnten, dessen Aktionäre sie waren, aber wobei sie nicht mit ihren eigenen Unternehmen (wie z. B. das Privatbankhaus Oppenheim in Köln oder Delbrück in Berlin, Warburg in Hamburg, Kaske in Dresden) haften mussten. Sie glaubten, diese auch langfristig als Mittel ihrer eigenen Geschäftspolitik benutzen zu können, indem sie den Verwaltungsrat und die Direktion aus ihren Reihen bestellten, um so die Richtlinien der Geschäftspolitik zu bestimmen und den Ertrag für ihre eigenen Investitionen einzusetzen. Das Vorgehen dieser Privatbankiers lässt die Schlussfolgerung zu, dass sie die Aktienbanken als Ableger ihrer eigenen Privatbankhäuser betrachteten, etwa als Holdinggesellschaft ihrer eigenen Banken mit dem Zwecke der Risikoverteilung und der Aufbringung hoher finanzieller Mittel, die das einzelne Privatbankhaus nicht leisten konnte. Dass eine solche Aktiengesellschaft einmal ein Eigenleben führen könnte, daran dachte zu diesem Zeitpunkt niemand. In der ersten Gründungswelle von Aktienbanken 1848 bis 1856 spielten diese Überlegungen noch keine Rolle. Aber in der zweiten Gründungswelle von Aktienbanken 1869 bis 1872 (Deutsche Bank, Dresdner Bank, Commerz- und Privatbank) und in den 80er Jahren des 19. Jahrhunderts zeigte sich, dass die Privatbankiers sich gründlich verrechnet hatten. Die Vorstände der großen Aktienbanken fanden in den Vorständen der Aktienunternehmen Unterstützung, da diese sich aus der engen Umklammerung der Privatbankiers befreien wollten. Zudem spielten verschiedene Aktienrechtsreformen eine wichtige Rolle.

Am 11. Juni 1870 verkündete die preußische Regierung in einer Novelle, die unter dem Eindruck der liberalen Wirtschaftsordnung herausgegeben worden war, die Aufhebung der Konzessionspflicht für Aktiengesellschaften und befreite sie von jedem Staatszwang. Gleichzeitig wurde festgelegt, dass von diesem Zeitpunkt an jede Aktiengesellschaft als Handelsgesellschaft zu gelten habe, auch dann, wenn der Gegenstand des Unternehmens nicht in Handelsgeschäften bestand.

2.3 Die Aktiengesellschaft – die dominante Unternehmensform

Die Aktiennovelle vom 18. Juli 1884 entstand als Folge der Gründerkrise von 1873 bis 1876. Neben neuen Vorschriften über die Aktien und die Haftbarkeit regelte sie vor allem das Verhältnis der Gremien einer Aktiengesellschaft untereinander und die Kompetenzverteilung. Die Krise hatte gezeigt, dass sich die Privatbankiers häufig mit zu hohen Beträgen bei den falschen Aktien- Unternehmen beteiligt hatten. Bei der Liquidation verloren sie – wenn diese nicht gelang – viel Geld und Ansehen. Die führenden Persönlichkeiten in den Aktienbanken, wie z. B. Georg von Siemens bei der Deutschen Bank oder Adolph Hansemann bei der Disconto-Gesellschaft, setzten nun die Trennung von Vorstand und Aufsichtsrat (Verwaltungsrat) konsequent um, indem sie die Privatbankiers zugunsten von Unternehmern aus dem Aufsichtsrat verdrängten und ihren Einfluss beschnitten.

2.3.4 Das Verhältnis zwischen Banken und Industrie

Überhaupt hatte sich durch die Verbindung der großen Aktienbanken zu den Unternehmen der „neuen" Industrien (vor allem Auto-, Elektrizitäts- und Chemieindustrie) eine völlig neue Konstellation ergeben: die Abhängigkeit der Industrie von den Banken. Wenn man bedenkt, dass diese Struktur bis in die 1990er Jahre in unterschiedlicher Ausprägung existierte, wird klar, wie schnell und langfristig sich Organisationsstrukturen verfestigen können. Es herrschte nicht nur eine finanzielle Abhängigkeit. Diese betraf alle Gebiete des unternehmerischen Handelns. Es herrschte über 100 Jahre mehr oder weniger intensiv eine „Unternehmenskultur der Abhängigkeit". Diese beeinflusste selbst kleinste Entscheidungen. So musste z. B. Emil Rathenau, der Gründer und Vorstandsvorsitzende der AEG, seinen Aufsichtsratsvorsitzenden, Georg von Siemens, wegen jeder kleinen Spende um Erlaubnis bitten. Unternehmerische Entscheidungen mussten mit der „Hausbank" abgesprochen und genehmigt werden. Die „Hausbank" dominierte, vor allem nachdem sich das industrielle Finanzierungsgeschäft nach 1880 seinen Siegeszug angetreten hatte. War vor 1880 und vor allem während des Gründerbooms das Emissions- und Gründungsgeschäft eine erste und wichtige Voraussetzung für die Bank, um später auch das Kreditgeschäft mit dem neugegründeten oder umgewandelten Unternehmen zu pflegen, so änderte sich diese Situation nach 1880 wesentlich, da nun das Kontokorrent- und Kreditgeschäft zur Voraussetzung für das Emissions- und Kreditgeschäft wurde.[35] Diese enge Verknüpfung zwischen Bank und Industrie hatte zur Folge, dass die Banken auch eine bedeutende Position im Aufsichtsrat „ihres" Unternehmens einnehmen wollten, um Einfluss auf die Geschäftspolitik nehmen zu können.

Die neue enge Verknüpfung von Banken und Industrie sowie die Regelungen der Aktiennovelle von 1884 führten aber auch zu kreativen Überlegungen, so z. B. bei der Einführung des Depotstimmrechts, das bis heute in seiner Grundstruktur noch besteht. Zu allen Perioden der Wirtschaftsgeschichte führte dieses zu heftigen Diskussionen und regte zahlreiche Veränderungsvorschläge an. Mit der Gründung größerer Unternehmen und der Ausgabe von Aktien als Massenprodukt musste sich zwangsweise auch die Struktur der Aktiengesellschaft verändern und somit auch die Struktur der Unternehmen.

Als Ursprung dieser neuen Struktur gilt die Änderung des Namens der Deutschen Edison Gesellschaft in Allgemeine Elektricitäts-Gesellschaft im Jahr 1887. Hierzu bedurfte es einer Abstimmung der Aktionäre in der Generalversammlung. Um eine ausreichende Präsenz der Aktionäre bei dieser wichtigen Generalversammlung und somit eine beschlussfähige Mehrheit zu garantieren, diskutierte der Gründer und Vorstandsvorsitzende der Edison-Gesellschaft, Emil Rathenau, mit dem Vorstandssprecher der Deutschen Bank, Georg von

---

35 Vgl. Riesser, Jacob: Die Entwicklungsgeschichte der deutschen Großbanken mit besonderer Rücksicht auf die Konzentration, Jena 1906, S. 340.

Siemens, Möglichkeiten, wie eine Generalversammlung (Mitgliederversammlung) in Zukunft organisiert werden könnte, ohne dass die Anwesenheit aller Aktionäre erforderlich sei. Dabei sollte dennoch eine beschlussfähige Mehrheit an Aktionären garantiert werden. Sie kamen zu dem Ergebnis, dass die im Gründungskonsortium beteiligten Banken sich von ihren Depotkunden eine Vollmacht ausstellen ließen, damit sie ihre Depotkunden kostenlos auf der Generalversammlung vertreten konnten.

Diese „Revolution" lehnten die meisten Privatbankiers zunächst kategorisch ab. Der Berliner Bankier Jacob Freiherr von Landau[36] beispielsweise riet von diesem Vorgehen ab, da man den beteiligten Firmen vorwerfen könne, „dass sie Actien sammeln, um in der General-Versammlung im eigenen Interesse zu wirken, nämlich um für den Verkauf der neuen Actien an sich selbst zu stimmen"[37]. Auch mit diesem Beispiel wird deutlich, dass die Vertreter der großen Aktiengesellschaften die Zukunft erkannt hatten und neue Wege gingen. Die Zeit der Privatbankiers war vorbei.

Nach 1880 begannen die Berliner Großbanken im Ausland eigene Banken (Banco Alemán Transatlántico, Buenos Aires; Banco Central Mexicano, Mexico, etc.) zu gründen, um bei den großen Finanz- und Industriegeschäften vor Ort zu sein.[38] Gleichzeitig bildeten die Banken große Konsortien, da einzelne Banken allein den enormen Kapitalbedarf für die großen Geschäfte wie den Bau der Bagdadbahn (Philipp Holzmann), der Elektrizitätswerke in Buenos Aires (Siemens und AEG) etc. nicht aufbringen konnten.

---

36 Pohl, Manfred: Landau, Jacob Freiherr von, in: Neue Deutsche Biographie 13 (1982), S. 481–482.
37 Brief von Jacob Landau an die Deutsche Edison-Gesellschaft vom 9. Mai 1887, zitiert bei: Pohl, Manfred: Emil Rathenau und die AEG, Mainz 1988, S. 65 und 67.
38 Vgl. Pohl, Manfred: Konzentration im deutschen Bankwesen (1848–1980), a. a. O., S. 186ff.

In der zweiten Hälfte des 19. Jahrhunderts bis zu Beginn des 20. Jahrhunderts hatte sich die Unternehmensstruktur in Deutschland völlig verändert. Es waren neue Branchen entstanden oder im Entstehen, wie z. B. Bergbau, Eisenbahnwesen (mit der gesamten Infrastruktur, Schienennetz), Autoindustrie (Straßenbau), Maschinenbau, Elektrounternehmen, Chemieunternehmen, Bauunternehmen etc.

In diesen Bereichen prägten Großunternehmen die Struktur. Namen wie Siemens, AEG, Thyssen, Krupp, Mannesmann, BASF, Bayer, Höchst, Daimler, Benz, RWE etc. waren in der Öffentlichkeit präsent. Es darf aber nicht vergessen werden, dass zur gleichen Zeit hunderte mittelständische Unternehmen gegründet wurden, die nicht die gleiche Öffentlichkeit hatten wie die großen Aktiengesellschaften. Nicht selten waren es Familienunternehmen, die auf der Basis einer Erfindung ein Alleinstellungsmerkmal erlangten (heute würde man diese als Hidden Champions bezeichnen).

Mit der Gründung großer Aktienunternehmen in der zweiten Hälfte des 19. Jahrhunderts gab es erstmalig auch Überlegungen zu Wettbewerbsstrategien, d. h. welche Maßnahmen notwendig sind, um dem Handeln der Konkurrenten und ihrer Reaktionsfähigkeit entgegenzuwirken. „Die Wettbewerbsstrategie verlangt, ein Unternehmen so zu platzieren, dass es den Wert der Fähigkeiten maximiert, die es den Konkurrenten voraushat."[39] Dabei bildet oft die Geschichte eines Unternehmens aussagekräftige Anhaltspunkte für die Ziele und Annahmen eines Wettbewerbers im betreffenden Geschäftsbereich.[40] Ein aussagekräftiges Beispiel findet sich in der Konkurrenzbeziehung zwischen AEG mit ihrem Vorstandsvorsitzenden Emil Rathenau und Siemens & Halske mit ihrem Vorsitzenden Werner von Siemens Ende der 1880er und Anfang der 1890er Jahre.

---

39 Porter, Michael E.: Wettbewerbsstrategie (Competitive Strategy). Methoden zur Analyse von Branchen und Konkurrenten, Frankfurt/New York, 12. Auflage 2013, S. 88.
40 Ebd. S. 104.

2.3 Die Aktiengesellschaft – die dominante Unternehmensform

Es ging um die Frage der Überlegenheit von Drehstrom oder Gleichstrom bei Verbrauchern und Behörden.[41] Der Wechselstrom, den Emil Rathenau bevorzugte, hatte den großen Vorteil, hochgespannte Ströme mit verhältnismäßig dünnen Leitungen über große Entfernungen wirtschaftlich, d. h. mit geringem Stromverlust, zu leiten. Werner von Siemens und Edison setzten auf den Gleichstrom. Der Streit um das „richtige" System eskalierte, als die Stadt Frankfurt am Main den Auftrag zum Bau eines Kraftwerks zur Stromversorgung Frankfurts vergeben wollte. Um die Vor- bzw. Nachteile der beiden Systeme festzustellen, wurde eigens eine internationale elektrotechnische Ausstellung 1891 in Frankfurt durchgeführt. Der Organisator, der Münchner Stromexperte und Gründer des Bayernwerks, Oskar von Miller, baute eine Fernleitung vom Wasserkraftwerk in Lauffen am Neckar zur Ausstellung nach Frankfurt; immerhin 175 km, die auf der Basis des von der AEG entwickelten Dreiphasen-Wechselstromsystem, genannt Drehstrom, 1000 Glühlampen erleuchten ließ.

Siemens und die AEG lieferten sich noch einen jahrelangen Wettbewerb über das „richtige" System, bis sie 1894 die vorherigen Verträge, vor allem den Vertrag von 1887, auflösten. Beide Unternehmen waren somit frei zu wählen, mit welchen Systemen sie in Zukunft arbeiten wollten.

Gleichzeitig wurde deutlich, dass die Kommunikations- und Marketingstrategien beider Unternehmen weit auseinanderklafften. Werner von Siemens war der Erfinder und produzierte auf der Basis seiner Erfindungen. Emil Rathenau war Kaufmann und hatte frühzeitig erkannt, dass es nicht ausreichte, über Erfindungen und Patente zu produzieren, sondern dass es unabdingbar war, etwa die Herstellung von Massenprodukten, z. B. Glühbirnen, einer breiten Öffentlichkeit zu präsentieren, dafür zu werben und Marketingstrategien zu entwickeln, um gegenüber den Konkurrenten in der Bran-

---

41   Pohl, Manfred: Emil Rathenau und die AEG, a. a. O., S. 90–92.

che klare Vorteile zu haben. Langfristige Erfolge und Spitzenleistungen sollten die Überlegenheit der angebotenen Produkte beweisen.

Die zweite Hälfte des 19ten Jahrhunderts gehört zu den erfolgreichsten in der Wirtschafts- und Sozialgeschichte, wurden hier doch die Grundvoraussetzungen für die Lebensgestaltung im 20. Jahrhundert gelegt. Die sechs Revolutionen begannen das Leben der Menschen im Alltag massiv zu verändern. Der Ausgang des Deutsch-Französischen Krieges hatte nicht nur die Deutsche Einheit zur Folge, sondern bescherte Deutschland aufgrund der 5 Milliarden Francs Kriegskontribution einen wirtschaftlichen Boom, der 1873 bereits im sogenannten Börsenkrach endete.

Der Einbruch der Finanzmärkte war der Beginn einer Deflationsphase, die als Gründerkrise und von den Ökonomen und Wirtschaftshistorikern der 1920er Jahre als „Große Depression" bezeichnet wurde.[42] Das ist mit Sicherheit stark übertrieben. Eine Analyse der Geschäftsberichte der Bank für Handel und Industrie in Darmstadt, der Deutschen Bank in Berlin und der Disconto-Gesellschaft in Berlin, von 1880 bis 1913[43], zeigt eindeutig, dass die Banken in ihren gesamtwirtschaftlichen Überblicken zu Beginn der Geschäftsberichte eine insgesamt in sich geschlossene, im Ergebnis positive Periode verzeichneten. Die Jahre 1880 bis 1990 beispielsweise zeigen folgendes Bild: 1880 und 1881 sowie 1888 und 1889 brachten besonders gute Ergebnisse und eine positive Beurteilung der Wirtschaftslage. Die übrigen Jahre wurden mit „befriedigend" gewertet, also war von „großer Depression" keine Spur. Die Jahre 1891 bis 1893, teilweise auch noch 1894 waren Jahre der Ernüchterung. Die Ban-

---

42 Vgl. Schneider-Bertenburg, Lino: Der Gründerkrach und die Krisenwahrnehmung der deutschen Sozialdemokratie, Stuttgart 2022.
43 In der Arbeit über Konzentration im deutschen Bankwesen (1848–1980) hat der Autor jedes einzelne Jahr der drei Banken auf ihre Analyse untersucht (Pohl, Manfred: Konzentration im deutschen Bankwesen (1848–1980), a. a. O., S. 163–166).

2.3 Die Aktiengesellschaft – die dominante Unternehmensform

ken zahlten allerdings „zufriedenstellende" Dividende, die um die 5 Prozent lagen. Danach ging es kontinuierlich aufwärts. Fest steht auch, dass die Periode von 1870 bis 1914 die Unternehmenslandschaft massiv veränderte und die Umsetzung der Erfindungen und Patente den Alltag der Menschen wie nie zuvor positiv beeinflusste.

> **Handlungsempfehlung**
>
> Es wäre für die damals bereits bestehenden Unternehmen und Banken eine lohnende Aufgabe, die Zeit 1870 bis 1914 unter folgenden Kriterien zu untersuchen: Veränderungen der Unternehmensorganisation intern und extern, im Emissions- und Kreditgeschäft, in den Investitionen und einer völligen Umstrukturierung des Wettbewerbs.

Diese „neue" Wirtschafts- und Unternehmensstruktur schuf folgerichtig auch unternehmensgeschichtlich eine stark veränderte Ausgangssituation und prägte gleichzeitig die neue Forschungsbasis. Einmal nahm in diesem Zeitraum die Gründung neuer Unternehmen rasant zu, was wesentlich durch die zahlreichen Erfindungen auf allen Gebieten bedingt war, aber auch durch den steigenden Bedarf an neuen Produkten gefördert wurde. Der Glaube, den Alltag der Menschen zu verbessern oder die Konzentration auf reines Gewinnstreben eröffnete ungeahnte Herausforderungen, die nicht nur angenommen, sondern mit großem Engagement angegangen und gelöst wurden. In allen Bereichen des Lebens wurde geforscht, erfunden und umgesetzt. Aus diesen Gründen ist die genannte Periode nicht als Krisen-, sondern als Erfolgsgeschichte zu betrachten.

Die Geschichte liefert hervorragende Beispiele über die staatliche Gesetzgebung als Hemmschuh und Überlegungen von Unternehmern, neue rechtliche Unternehmensformen zu bilden, um den Anforderungen zukünftiger Entwicklungen gerecht zu werden. Die Kenntnis der Geschichte der Unternehmensformen, ihre Analyse auf die Anwendung bei der Suche nach einer eigenen Unternehmensform kann befruchtend, sehr kreativ und zielführend sein.

Ein vortreffliches Beispiel ist die Gründung der Disconto-Gesellschaft in Berlin 1851.[44] Als David Hansemann keine Genehmigung zur Gründung einer Aktiengesellschaft erhielt, nahm er „Kommanditäre" mit einer Mindesteinlage von 50 000 Taler auf. Mit der Einführung von Komplementären und Kommanditisten schuf er die „Kommanditgesellschaft auf Aktien" (KG a. A.).

2.4 Kriege und Krisen

2.4.1 Erster Weltkrieg und Inflation: Konzentration als Folge

Bis zum Ausbruch des Ersten Weltkriegs 1914 hatten sich in der Kreditwirtschaft und im Industriebereich feste Strukturen gebildet. Die Privatbankiers hatten ihren Einfluss sowohl in den Berliner Großbanken, die sie einst gegründet hatten, als auch in den regionalen Banken verloren. Die Berliner Großbanken konnten sukzessive ihren Einfluss in allen Industriebereichen ausbauen, sie hatten sich die „neuen Industrien" untereinander aufgeteilt. Da aber Teile dieser Industrien und vor allem große starke regionale Unternehmen auch starke regionale Banken als „Hausbanken" bevorzugten, war der nächste folgerichtige Schritt, dass die Berliner Großbanken nun versuchten, die bedeutenden regionalen Aktienbanken zu übernehmen, um so ihren Einfluss, ihre Geschäftätigkeit weiter auszubauen. Die regionalen Aktienbanken wiederum hatten in ihrer Region den Großteil der Privatbankiers übernommen und auf deren Geschäft ihr Filialnetz gegründet. Viele dieser übernommenen

---

44 Vgl. Pohl, Manfred: Konzentration im deutschen Bankwesen, a. a. O., S. 61ff., Wolff, Max J.: Die Disconto-Gesellschaft, Berlin 1930 und Bergengrün, Alexander: David Hansemann, Berlin 1901.

Privatbankiers waren die Financiers und Berater kleiner und mittelständischer Unternehmen, die nun an die regionalen Banken gingen. Auch hier gab es wie bei den Großbanken klare Abhängigkeitsstrukturen. Die Sparkassen und Volksbanken spielten in diesen Bereichen noch keine Rolle.

Für die unternehmensgeschichtliche Aufarbeitung der Zeit bis 1914 steht somit die Gründungsgeschichte dieser Unternehmen beispielsweise auf der Basis einer Erfindung oder eines Patents im Vordergrund. Das betrifft sowohl die großen als auch die mittleren und die kleinen Unternehmen. Die Auswirkungen der sechs Revolutionen und Reformen sind hier konkret spürbar. In den Geschichtsbüchern dominieren zwar die politische Entwicklung und die Biografie ihrer Protagonisten, die wirklichen Veränderungen und Entwicklungen beruhten aber auf den Leistungen der Erfinder in allen Bereichen und den Unternehmern, die sie umsetzten.

Diese Darstellung kann man folgendermaßen pointieren: Die flächendeckende Aufarbeitung der Geschichte der Unternehmen ist deshalb so bedeutungsvoll, weil somit ein klares Bild von der Leistung dieser Unternehmer und Unternehmen entsteht und ihre Einordnung in der geschichtlichen Entwicklung in einer Kommune, in einer Region oder im nationalen und internationalen Rahmen beschrieben wird. Die Umsetzung der technischen Erfindungen veränderte den Alltag der Menschen nachhaltig. Das Auto ersetzte die Pferdekutsche und das Pferd; die Eisenbahn verband nun Städte und Länder miteinander. Diese neue Mobilität trug wesentlich zum Zusammenleben der Menschen bei, gab aber auch den Kriegen eine ungeahnte Dimension an Zerstörung und dem Massentod von Menschen, wie es z. B. der Einsatz von Flugzeugen im Ersten Weltkrieg verdeutlicht.

Unternehmensgeschichte erlangte eine neue Qualität im Positiven wie im Negativen: Die Massenproduktion von „kriegswichtigen"

Produkten wurde zu einem bedeutenden Faktor der unternehmerischen Produktionsentscheidungen.

Die gleiche Bedeutung erlangte die Elektrizität; Strom bis in „den hintersten Winkel" einer Region veränderte den Alltag, erleichterte viele Arbeiten und „erhellte" das Leben der Menschen; die Erfindungen in der chemischen Industrie kamen der Steigerung der landwirtschaftlichen Produktion zugute und verbesserten die Leistungen in allen industriellen Fertigungen.

In der Medizin setzten die Erfindungen von Penizillin und den Sulfonamiden Meilensteine in der Bekämpfung der wichtigsten tödlichen Krankheiten. In allen Bereichen gab es massive Veränderungen, an denen die Unternehmen einen entscheidenden Anteil hatten.

Während des Ersten Weltkrieges und während der Inflationszeit intensivierten die Berliner Großbanken ihre Interessengemeinschaften mit den regionalen Aktienbanken und übernahmen sie schließlich. Andererseits mussten die Berliner Großbanken die Industriefinanzierung sehr vernachlässigen, da sie in der Kriegsfinanzierung stark integriert waren. Die Industrieunternehmen schließlich profitierten von den Kriegsaufträgen der Politik, wahrten durch den Verkauf von Devisen ihren Sachbestand, nutzten infolge der Inflation die Möglichkeit, die Unternehmen überproportional auszubauen und konnten so den Einfluss der Banken zunächst zurückschrauben. Kriegs- und Inflationsgewinner wie Hugo Stinnes[45] u. a. waren die Helden der Inflation. Die Industrieunternehmen legten ihre kurzfristigen Gelder bei einer Bank an, entweder lediglich zur Verwaltung oder aber auch zur Devisenbeschaffung.

Allerdings endete diese kurze Zeit der Unabhängigkeit der Industrie von den Banken rasch, als nämlich 1924 die „Bereinigungskri-

---

45 Feldman, Gerald D.: Hugo Stinnes. Biographie eines Industriellen 1870–1924, München 1998.

se" zum tragenden Faktor der Banken- und Industriepolitik wurde. Zahlreiche Unternehmen gerieten in ernste Schwierigkeiten und mussten saniert werden. Die Großbanken oder Bankenkonsortien führten diese Sanierungen durch. Welche Ausmaße die Sanierungen in den Banken annahmen und welcher Aufwand notwendig war, zeigt allein die Tatsache, dass in den Banken besondere Büros, sog. Sanierungsbüros errichtet wurden, die sich ausschließlich mit der Neuordnung in Schwierigkeiten geratener Unternehmen befassen mussten. Dies hatte zur Folge, dass die Unternehmen sich noch enger an die Banken anlehnen mussten.[46]

Die Zahlungsunfähigkeit des Stinnes-Konzerns im Juni 1925 und die Auflösung des Unternehmens in Teilbereiche legte die gesamte Misere der Unternehmen nach der Inflationszeit dar. Es kam zu einer nie dagewesenen Konzentrationsbewegung, die alle Bereiche der Wirtschaft betraf. In der Montanindustrie stand die Gründung der „Vereinigten Stahlwerke" im Mittelpunkt. In ihnen schlossen sich Thyssen, Gelsenkirchen, Deutsch-Luxemburg, der Bochumer Verein Rheinstahl und Phoenix mit den von ihm abhängigen Stahlwerken v. d. Zypen-Wissen zusammen. Die Chemie konzentrierte in der IG-Farbenindustrie. Unter ihrem Dach verschmolzen im Oktober 1925 die Badische Anilin- und Soda-Fabrik in Ludwigshafen, Farbenfabriken vorm. Friedr. Bayer & Co. in Leverkusen, Farbwerke vorm. Meister Lucius und Brüning in Höchst a. M., Actien-Gesellschaft für Anilin-Fabrikation in Berlin, Chemische Fabrik Griesheim Elektron in Frankfurt am Main und Chemische Fabriken vorm. Weiler-ter-Meer in Uerdingen.

Einen gewaltigen Zusammenschluss und eine nie dagewesene Ausdehnung erlebte auch die Elektroindustrie. Der AEG-Konzern wurde ähnlich aufgebaut und strukturiert wie die neu gebildete Siemens-

---

46 Pohl, Manfred: Konzentration im deutschen Bankwesen (1848–1980), a. a. O., S. 302f.

Rhein-Elbe-Schuckert-Union. Im AEG-Konzern waren Unternehmen der Eisenindustrie, des Bergbaus und der Hüttenindustrie vereinigt.

Gerade die Inflationszeit und ihre Folgen beschäftigen immer wieder die Wirtschafts- und Sozialhistoriker sowie die Ökonomen. Zahlreiche Theorien wurden und werden auch weiterhin entwickelt, um Erkenntnisse für deren Beherrschung oder Vermeidung zu gewinnen.

Handlungsempfehlung

Jedes Unternehmen mit einer langen Geschichte hat „seine eigenen Inflationsgeschichten", deren spezifische Aufarbeitung dem Unternehmen Wissen vermittelt, das zum besseren Verständnis z. B. der Inflationskriterien im Unternehmen führen kann.

In vielen Unternehmensarchiven liegen noch unbearbeitete Quellen, die sowohl interne als auch übergeordnete Studien bereichern könnten. Vor allem bei mittelständischen Unternehmen in den unterschiedlichsten Rechtsformen sowie den Familienunternehmen sind spannende Materialien zur Inflation zu finden.

Die Inflationsgeschichte einzelner Unternehmen und ihre Berücksichtigung bei internen Strategieüberlegungen kann zudem einem Unternehmen aufgrund des besseren Wissensstandes erhebliche Vorteile am Markt bringen. So gesehen ist die unternehmensgeschichtliche Forschung ein konstanter Baustein in der Gegenwarts- und Zukunftsstrategie der Unternehmen, mit deren Erkenntnissen erhebliche Kosten und Zeit gespart werden könnten.

2.4.2 Weltwirtschafts- und Bankenkrise

Die Inflation, die Megakonzentrationen 1925/1926 und die nachfolgende Weltwirtschafts- und Bankenkrise von 1929/1931 sind ein Lehrbeispiel ersten Ranges über die Entstehung und Vermeidung unterschiedlicher Krisen. Gerade in den ersten Jahrzehnten des 21. Jahrhunderts mit vielfältigen Krisen bieten sie allen Bereichen von Politik und Wirtschaft hervorragendes Quellenmaterial, um die unterschiedlichsten Krisenverläufe zu analysieren. Die Kenntnis dieser historischen Daten über die Entstehung, den Verlauf und die Lösung von Krisen bildet eine unschätzbare Basis, gegenwärtige Krisen besser zu verstehen, sie zu lösen und Krisen in der Zukunft zu vermeiden. Einige Entwicklungen, die zur Banken- und Weltwirtschaftskrise führten, sollen aufgezeigt werden.

Abhängigkeiten: Banken und Industrie

Die Provinzbanken übernahmen in ihrer Region zahlreiche Privatbanken und bauten auf deren Basis ihr umfangreiches Filialnetz auf. Fast gleichzeitig bildeten die Berliner Großbanken mit den Provinzbanken Interessensgemeinschaften, um später mit ihnen zu fusionieren.[47] Die Provinzbanken wiederum übernahmen die Industrie- und Handelsunternehmen der Privatbankiers. Infolge der Fusion der Großbanken mit Provinzbanken übernahmen anschließend die Großbanken auch das Unternehmensportfolio der Provinzbanken. Dieser schrittweise Ausbau des gewaltigen flächendeckenden Filialnetzes der Berliner Großbanken und die Folgen für die Industrieunternehmen stellen ein einmaliges Beispiel einer systemischen Entwicklung, die einer klaren logischen Struktur folgte, dar.

Das Portfolio der Großbanken mit Industriepapieren stieg gewaltig an. Es besaß natürlich neben vielen guten Wertpapieren auch

---

47 Ebd. S. 307ff.

eine Menge von Unternehmensaktien, die in den Krisenjahren große Probleme bereiteten. Fusionen, Übernahmen und Liquidationen waren die Folge. Diese Abhängigkeitsstrukturen werden bei der Behandlung der Intensität der Weltwirtschafts- und Bankenkrise unterschätzt.

Ein Beispiel, das prototypisch für viele andere steht, kann folgende Entwicklung am besten verdeutlichen. Die Deutsche Bank war über Interessengemeinschaften in Württemberg mit der Württembergischen Vereinsbank in Stuttgart und der Rheinischen Creditbank in Mannheim verbunden. Nach dem Ersten Weltkrieg wurde die Deutsche Bank über diese beiden Interessensgemeinschaften in die Geschäfte der Unternehmen Daimler und Benz einbezogen. Die Daimler-Motoren-Gesellschaft arbeitete mit der Württembergischen Vereinsbank in Stuttgart zusammen, die Rheinische Creditbank mit der Benz & Cie in Mannheim. Vor allem Carl Jahr von der Rheinischen Creditbank befürwortete während und nach der Inflationszeit eine Fusion von Daimler und Benz. Alfred Kaulla, die führende Persönlichkeit in der Württembergischen Vereinsbank und im Vorstand der Deutschen Bank, lehnte zunächst eine Fusion zwischen Daimler und Benz ab. Mit der Übernahme der Württembergischen Vereinsbank nach der Inflation durch die Deutsche Bank wurde Emil Georg Stauß, Vorstandsmitglied der Deutschen Bank, der auch im Aufsichtsrat von Benz saß, Vorsitzender des Aufsichtsrats von Daimler. Da er auch im Aufsichtsrat von Benz saß, war nun eine günstige Personalkonstellation gegeben, beide Unternehmen zu fusionieren. Die Fusion von Daimler und Benz erfolgte trotz zahlreicher Schwierigkeiten im Jahr 1926.[48] Im gleichen Jahr entstanden unter Anleitung der Banken zahlreiche weitere Großfusionen, die das Wirtschaftssystem entscheidend veränderten, wie z. B. die Fusion der süddeutschen Zucker- und Rübenunternehmen zur Südzucker AG,

---

48 Feldman, Gerald D.: Die Deutsche Bank vom Ersten Weltkrieg bis zur Weltwirtschaftskrise 1914–1933, in: Die Deutsche Bank 1870–1995, München 1995, 240ff.

2.4 Kriege und Krisen

den Zusammenschlüssen der großen Chemieunternehmen zur I. G. Farbenindustrie AG (I. G. Farben).

1929 kam es bis dahin zur größten Fusion unter den Deutschen Banken: Die Deutsche Bank fusionierte mit ihrer schärfsten Konkurrentin, der Disconto- Gesellschaft. Mit in diese Fusion einbezogen wurden die Norddeutsche Bank in Hamburg, der A. Schaaffhausen'sche Bankverein in Köln, die Rheinische Creditbank in Mannheim und die Süddeutsche Disconto-Gesellschaft in Mannheim und mit ihnen alle ihre Beteiligungen an Industrieunternehmen in Norddeutschaland, im Ruhrgebiet und im Rhein-Main-Neckargebiet.[49]

„Eingefrorene" Kredite

Diese Fusionen sollten eigentlich starke und unabhängige Banken und Unternehmen schaffen. Aber die Abhängigkeitsverhältnisse von beiden Seiten waren noch größer geworden. Das enge Verhältnis von Banken und Industrie und die gegenseitigen Abhängigkeiten wurden in der Bankenkrise 1930 bis 1932 offengelegt. Nach der Wirtschaftskrise in der zweiten Hälfte 1929 stiegen bei den Banken die eigenen Effekten erheblich an. Der Hauptgrund betraf jene Kredite der Unternehmen, die diese nicht mehr zurückzahlen konnten und daher eingefroren wurden. Da zu diesem Zeitpunkt keine Chance auf Tilgung bestand, wandelten die Banken diese Kredite in Beteiligungen um. Dass es sich hier um Industriewerte handelte, zeigen die Aufgliederungen der Wertpapiere in den Bilanzen. Hier entstanden zahlreiche Beteiligungen, die teilweise bis in die 1990er Jahre Bestand hatten.

Aus diesem Grund hatten die Banken in der zweiten Hälfte des Jahres 1929 ein Interventionskonsortium gegründet, dem u. a. die Deutsche Bank und Disconto-Gesellschaft, die Berliner Handelsge-

---

49 Pohl, Manfred: Konzentration im deutschen Bankwesen (1848–1980), a. a. O., S. 353 und die Tabellen auf S. 509–781.

sellschaft, S. Bleichröder, die Commerz- und Privatbank, die Darmstädter und Nationalbank (Danatbank), Delbrück Schickler & Co., die Dresdner Bank, J. Dreyfus & Co. Berlin, Hardy & Co. GmbH Berlin, Mendelssohn & Co. Berlin, Lazard Speyer-Ellissen Frankfurt am Main, Simon Hirschland Essen, A. Levy Köln, Sal. Oppenheim jun. & Cie. Köln, und M. M. Warburg & Co. Hamburg angehörten.[50] Dieses Konsortium hatte vornehmlich die Aufgabe, die im Jahr 1929 stark absinkenden Börsenkurse zu stützen, was ihm aber nicht gelang. Vor allem in der ersten Hälfte des Jahres 1930 gingen die Kurse weiter zurück und erreichten ähnliche Werte wie nach der Inflation. Aus diesem Grund beschlossen die Banken Anfang 1930, die Bestände des Bankenkonsortiums über 60 Millionen Reichsmark auf die Bank für Industriewerte zu übertragen. Diese Bank, eigentlich als Spezialinstitut für nicht emissionsfähige Industrieaktien in den Portefeuilles der Großbanken gedacht, wurde somit in ein Auffanginstitut umgewandelt. Materiell und betragsmäßig änderte sich dadurch in der Bilanzsumme der Aktiva nichts. Lediglich eine Umgruppierung innerhalb der Effekten und Debitoren kam durch diese Transaktion zustande. Die Effektenbestände verringerten sich nämlich und die Debitoren erhöhten sich um die Forderungen an die Bank für Industriewerte.

Kurz gegen lang

Als im Frühjahr 1929 die Reparationsverhandlungen abgebrochen wurden, die Weltwirtschaftskrise immer deutlicher in alle Bereiche des Wirtschaftslebens eingriff und zudem bekannt wurde, dass die Nationalsozialisten bei den Reichstagswahlen vom 14. September 1930 erhebliche Gewinne erzielt hatten, begannen die ausländischen Institute ihre kurzfristigen Einlagen bei den deutschen Banken zurückzuziehen. Vom 30. Mai bis 30. Juni 1931 verloren die Berliner Großbanken erhebliche Beträge bei den Kreditoren, wo-

---

50 Ebd. S. 363.

bei die Darmstädter und Nationalbank mit einem Rückgang von 300 Mio. Mark den höchsten Abzug zu verzeichnen hatte.[51] Der Rückgang bezog sich eindeutig auf die sonstigen Kreditoren. Ein erheblicher Teil dieser Kreditoren bestand aus im Ausland aufgenommene Gelder. Da die Banken aber ihrerseits diese Gelder langfristig ausgeliehen hatten, waren sie nicht in der Lage, den Forderungen der ausländischen Institute nachzukommen. Eines der größten Dramen in der deutschen Unternehmensgeschichte nahm seinen Lauf: Als die Banken nämlich nach der Krise vom 13. Juli 1931 ihre Konten bereinigten, zeigten die hohen Verluste, dass diese ausschließlich im Industriefinanzierungsgeschäft entstanden waren – nicht selten aus den bereits beschriebenen langfristigen Krediten, die sie den Unternehmen gewährt hatten, die sie aber selbst kurzfristig ausgeliehen hatten.

Handlungsempfehlung

Die Aufarbeitung der Geschichte kurzfristig aufgenommener Gelder, die langfristig ausgeliehen wurden, lohnt sich immer. Im Umfeld dieses Themas ergeben sich zahlreiche ökonomische Erkenntnisse, die den Führungsspitzen der Unternehmen so manche Fehlentscheidung ersparen könnte.

Betrügerische Kreditsicherung

Hinzu kam, dass viele Unternehmen die Absicherung der Kredite durch betrügerische Angaben von Warenbeständen, Immobilien etc. erschlichen. Diese Beträge waren teilweise so hoch, dass Banken in Zahlungsschwierigkeiten kamen. Als Beispiel können die Betrügereien der Brüder Lahusen genannt werden, deren Machenschaften das gesamte Bankenwesen erschütterten. Ein typisches Beispiel ist die Nordwolle. Die Norddeutsche Wollkämmerei und Kammgarn-

---

51 Manfred Pohl (Hrsg.): Hermann J. Abs, Eine Bildbiographie, Mainz 1981, S. 27ff.

spinnerei (Nordwolle) in Bremen hatte sich bis Ende Juni 1931 bei ihren Lieferanten und zahlreichen Banken derart hoch verschuldet, dass die Rückzahlungen nicht mehr möglich waren. Als die führende Persönlichkeit von Nordwolle, G. Carl Lahusen, beim Bankhaus Delbrück Schickler & Co. um einen größeren Kredit nachfragte, aber keinen schlüssigen Status beibringen konnte, flog der Betrug auf. Nordwolle hatte wiederholt hohe Verluste an der Wolle erlitten. Diese Verluste hatte das Unternehmen so kaschiert, dass es Forderungen in hohem Umfang zwischen Nordwolle in Argentinien und Nordwolle in Bremen kreiert hatte. Die drei Brüder Lahusen, G. Carl Lahusen, Heinz Lahusen und Friedel Lahusen, hatten Wollbestände als Sicherheiten angegeben, die nicht existierten. Das erinnert an so manche Krise (z. B. Schneider/Immobilienkrise) der Neuzeit.

Als Folge der Wirtschafts- und Bankenkrise kam es am 20. Februar 1932 zu zwei weiteren bedeutenden vom Staat erzwungenen Fusionen, nämlich der Dresdner Bank mit der Darmstädter und Nationalbank sowie der Commerz- und Privatbank mit dem Barmer Bankverein.

Mit diesen beiden Fusionen endete ein beispielloser Konzentrationsprozess, der auch zur Folge hatte, dass tausende kleine, mittelständische und große Unternehmen die Bank wechseln mussten und dabei nicht selten selbst zur Konzentration gezwungen wurden.

Handlungsempfehlung

Krisen als Motor zu Strukturveränderungen in den Unternehmen sind nicht selten und können einen reinigenden Prozess auslösen, wenn rechtzeitig Konsequenzen gezogen werden. Die unternehmensgeschichtliche Aufarbeitung der Zeit nach dem Ersten Weltkrieg mit den beschriebenen Krisen ist für viele Unternehmen ein lohnendes Beispiel, um aus den damaligen Er-

> eignissen zu lernen. Diese Entwicklungen prägten Struktur und Strategie der deutschen Banken und Unternehmen.

2.5 Unternehmer im Nationalsozialismus

Nach der Machtergreifung Hitlers am 30. Januar 1933 und nach der Reichstagswahl am 5. März 1933 begann die NSDAP auch die Arbeitswelt rigoros und kompromisslos zu verändern. Am 2. Mai 1933, einen Tag nach dem „Tag der nationalen Arbeit", stürmten Mitglieder der SA (Sturmabteilung), der SS (Schutzstaffel) und der NSBO (Nationalsozialistische Betriebszellen-Organisation) das Gebäude der Freien Gewerkschaften, verhafteten ihre Funktionäre und lösten die Gewerkschaften auf oder gliederten sie in die am 10. Mai neu gegründete DAF (Deutsche Arbeitsfront) ein. Mit dem „Gesetz zur Ordnung der nationalen Arbeit" (AOG) vom 20. Januar 1934 wurde die Betriebsgemeinschaft (im Nazi-Jargon „Gefolgschaft"), zu einem rechtlichen wie politischen Kernbegriff. Der „Betriebsführer", in der Regel der Unternehmer, hatte letztlich die Entscheidungsbefugnis gegenüber der Gefolgschaft in allen Belangen.[52] Die „Vertrauensräte" hatten jedoch nichts gemeinsam mit den Betriebsräten der Weimarer Republik. Sie vertraten Arbeitgeber und Arbeitnehmer, selbstverständlich der nationalsozialistischen Ideologie untergeordnet.

In der unternehmensgeschichtlichen Forschung dominieren die männlichen Unternehmer. Unternehmerinnen sind so gut wie nicht vorhanden. Das mag in der Relation stimmen. Aber es gab natürlich auch Frauen, die in der Partei reüssierten und als mittelstän-

---

52 Hachtmann, Rüdiger: Die rechtliche Regelung der Arbeitsbedingungen im Dritten Reich, in: Wirtschaftskontrolle und Recht in der nationalsozialistischen Diktatur: Das Europa der Diktatur. Herausgegeben von Dieter Gosewinkel. (Studien zur europäischen Rechtsgeschichte, Bd. 180), Frankfurt am Main 2005, S. 137ff.

dische Unternehmerinnen oder Geschäftsfrauen an der Arisierung jüdischen Eigentums beteiligt waren.[53] Ein hervorragendes Beispiel liefert Cornelia Rau in ihrer Arbeit über Els Schwab, die von 1942 bis 1945 Hauptaktionärin und Mitglied im Aufsichtsrat der „arisierten" Rohtex AG für Textilrohstoffe in Stuttgart-Untertürkheim und einigen anderen Unternehmen war.[54] Der Anteil der Frauen unter den selbständigen Unternehmern lag am Ende der Inflation bei 17,9 Prozent, zu Beginn des Zweiten Weltkriegs bei 16,9 Prozent und 1950 bei 18,6 Prozent.[55]

Viele Unternehmer sympathisierten von Anfang an mit den Nationalsozialisten, da sie sich von ihnen mehr Unabhängigkeit von den Gewerkschaften und nach den Krisen eine „neue Ordnung" in Deutschland erhofften. Die meisten Unternehmer allerdings warteten zunächst ab. Erst nach der Einführung der Nürnberger Gesetze anlässlich des siebten Reichsparteitages der NSDAP, des sog. „Reichsparteitags der Freiheit" am 15. September 1935, erhöhte sich der Druck auf die Unternehmer, in die Partei (NSDAP) einzutreten. Viele beugten sich diesem Druck. Interessant ist, dass auf diesem Parteitag die Nationalsozialisten ihre antisemitistische und rassistische Ideologie institutionalisierten und auf eine juristische Grundlage stellten.

---

53 Vgl. Steinbacher, Sybille: Differenz der Geschlechter? Chancen und Schranken für die „Volksgenossinnen", in: Bajohr, Frank; Wildt, Michael (Hrsg.): Volksgemeinschaft. Neue Forschungen zur Gesellschaft des Nationalsozialismus, Frankfurt am Main 2009, S. 94–104 und Lower, Wendy: Hitlers Helferinnen. Hitlers Frauen im Holocaust. (Hitler's Furies. German women in the Nazi Killing Fields, Bosten, New York 2013), Deutsche Ausgabe: Bundeszentrale für politische Bildung, Bonn 2014.

54 Rauh, Cornelia: Els Voelter, „Herzlichst – Heil Hitler". Eine Nationalsozialistin als Unternehmerin, in: Proske, Wolfgang (Hrsg.): Täter Helfer Trittbrettfahrer, Bd. 10: NS-Belastete aus der Region Stuttgart, Gerstetten 2019, S. 461–482.

55 Eifert, Christiane: Deutsche Unternehmerinnen im 20. Jahrhundert, München 2011, S. 38, Tabelle 38.

Mit der Verordnung zur Ausschaltung der Juden aus dem deutschen Wirtschaftsleben vom 12. November 1938 wurde den jüdischen Mitarbeitern verboten, Betriebsführer zu sein. Die meisten jüdischen Mitarbeitern mussten jetzt endgültig ihren Arbeitsplatz aufgeben. Sie wurden entlassen und fanden danach auch keine Arbeit mehr.

Einige Unternehmen, wie z. B. die Deutsche Bank, haben die Lebenswege ihrer jüdischen Angestellten aufgearbeitet. Diese sind auch online einsehbar.[56]

Mit Kriegsbeginn und verstärkt ab 1941/42 kamen immer mehr Zwangsarbeiter in die Betriebe, zunächst aus dem europäischen Ausland, dann aber in erheblich größerer Anzahl aus den eroberten Ostgebieten. Die Errichtung von Konzentrationslagern und Begriffe wie „Tod durch Arbeit"[57] verdeutlichen die ganze Grausamkeit des nationalsozialistischen Regimes. Dass fast alle Unternehmen in dieses System eingebunden waren und mitmachten, ist keine Entschuldigung für die Grausamkeiten, die sie mitgetragen haben.

Der hier beschriebene Weg der Nationalsozialisten an die Macht und die Rolle der Unternehmer zeigt einige Parallelen zur heutigen Zeit auf. In den 1930er Jahren haben die Unternehmer den Nationalsozialismus entweder unterstützt, unterschätzt oder wollten die Entwicklungen abwarten. Die wenigsten haben die Lage richtig eingeschätzt und in ihren Unternehmen entsprechend reagiert.

In einigen europäischen Ländern haben rechtspopulistische und nationalistische Bewegungen derart zugenommen, dass ein Vergleich mit damals begründet ist. Auch die heutige Rolle der Unternehmer im politischen Zusammenhang darf nicht unterschätzt werden. Sie

---

56 https://www.bankgeschichte.de/topics/jewish-employees/index?language_id=3 (Abgerufen am 14.12.2024).
57 Vgl. Pohl, Manfred: Philipp Holzmann. Geschichte eines Bauunternehmens 1849–1999, München 1999, S. 270ff.

haben eine hohe Verantwortung, nicht nur in Bezug auf die Aufarbeitung ihrer Geschichte, sondern auch auf die zukünftigen politischen Entwicklungen.

> **Handlungsempfehlung**
>
> Die Unternehmer haben die Verpflichtung, vor rechtspopulistischen Entwicklungen rechtzeitig zu warnen, da jede extremistische Tendenz im Keim erstickt werden muss. Die Geschichte lehrt uns, dass nach der Machtergreifung extremer Regime die Folgeerscheinungen nicht mehr in den Griff zu bekommen sind.

2.6 Zwei deutsche Staaten: BRD und DDR

2.6.1 Das Ende der privaten Unternehmen in der DDR

Die demokratisch-marktwirtschaftliche Entwicklung in der Bundesrepublik und die sozialistisch-kommunistische Ausrichtung aller Lebensbereiche in der DDR von 1945 bis zur Wiedervereinigung und die anschließende „Abwicklung" der DDR-Betriebe hatten einen erheblichen Einfluss auf die Entwicklung der Unternehmen. Die unternehmensgeschichtliche Forschung während der Zeit der Teilung entwickelte sich in beiden Staaten äußerst unterschiedlich. Aber auch nach der Wiedervereinigung, vor allem infolge der Gründung der Treuhandanstalt als Institution des öffentlichen Rechts, deren oberstes Ziel die Privatisierung des volkseigenen Vermögens war, ist die Geschichte der Unternehmen in den neuen Bundesländern unter einem besonderen Aspekt zu erforschen und zu schreiben.

Nach der Aufteilung Deutschlands nach 1945 in vier Besatzungszonen (britische, amerikanische, französische und sowjetische Besatzungszone) begannen die Verantwortlichen der drei Westzonen in diesen demokratische und marktwirtschaftliche Strukturen einzuführen. Die sowjetischen Besatzungsmächte beabsichtigten eine Umgestaltung der Gesellschaft, Politik, Wirtschaft und Kultur im sozialistischen Sinne, indem im besetzten Gebiet der Sowjetzone KPD-Mitglieder politische Spitzenämter übernahmen und die Schlüsselindustrien verstaatlicht wurden. In den drei Westzonen wurde am 20/21. Juni 1948 die D-Mark als Währung eingeführt.[58] In der DDR gestaltete sich die Einführung einer eigenen Währung äußerst schwierig. Nach der Einführung der D-Mark in den drei Westzonen stand fest, dass eine Teilung Deutschlands unvermeidlich war. Die sowjetische Besatzungszone war nun gezwungen, eine eigene Währung einzuführen. Das gestaltete sich jedoch sehr kompliziert. Zunächst gab sie ab dem 24. Juni 1948 mit Coupons beklebte Reichsmarkscheine aus, um einer massiven Inflation vorzubeugen und die gesamte Geldmenge zu begrenzen. Erst einen Monat später konnte die mit Coupons beklebten Reichsmarkscheine, die sog. Klebemark, in neue Geldscheine, Deutsche Mark (DM), die von der Deutschen Notenbank (DDR) ausgegeben wurden, umgetauscht werden.

Während sich die Bundesrepublik Deutschland nach ihrer Gründung am 23. Mai 1949 in der westlichen Welt in den nachfolgenden Jahren zu einem politisch wie wirtschaftlich geschätzten Partner entwickelte, ging die sowjetische Besatzungszone einen eigenen Weg. Auf Anordnung von Josef Stalin erklärte sich der Deutsche Volksrat, ein Vorparlament, das eine demokratische Struktur vortäuschte, zur provisorischen Volkskammer und errichtete am 7. Oktober 1949 die Deutsche Demokratische Republik (DDR).[59]

---

58 Pohl, Manfred: Konzentration im deutschen Bankwesen (1848–1980), a. a. O., S. 416ff.
59 Vgl. Kocka, Jürgen; Sabrow, Martin (Hrsg.): Die DDR als Geschichte. Fragen – Hypothesen – Perspektiven. (Zeithistorische Studien, Bd. 2), Berlin 1994; Staritz, Dieter: Geschichte der DDR 1949–1990, Frankfurt am Main 1997 und Schmidt, Rudi; Lutz Burkhart (Hrsg.): Chancen und Risiken der industriellen Restrukturierung in Ostdeutschland. (Schriftenreihe der Kommission für die Erforschung des sozialen und politischen Wandels in den neuen Bundesländern e. V., KSPW), Berlin 1995.

Damit hatten sich in beiden deutschen Staaten klare Strukturen herausgebildet, die vor allem die Entwicklung des Wirtschaftssystems und der Unternehmen bestimmten. Während die Unternehmen in der Bundesrepublik sich frei in einer marktwirtschaftlichen Struktur entwickeln konnten, unterlagen die Unternehmen in der DDR von Anfang an vom Staate diktierten Restriktionen. Nach und nach wurde die Wirtschaft der DDR umstrukturiert und Betriebe in Volkseigene Betriebe (VEB) umgewandelt. Familienbetriebe, mittelständige Betriebe und kleinere Betriebe wurden ab Mitte 1950 nach und nach enteignet oder teilenteignet. Die Handwerksbetriebe wurden in Produktionsgenossenschaften zusammengefasst.[60] Dennoch konnten viele private Unternehmen, häufig traditionsreiche Familienunternehmen, ihre Selbstständigkeit bewahren. Es gab noch rund 11 000 private und halbstaatliche Betriebe Anfang der 1970er Jahre.

Das änderte sich allerdings nach 1971, als Erich Honecker neuer Erster Sekretär des ZK der SED wurde. Unter dem Motto „Einheit von Wirtschafts- und Sozialpolitik" sollte Honeckers Regime legitimiert werden, alle von ihm angeordneten Reformen wie z. B. Erhöhung der Löhne und Rente, Förderung des Wohnungsbaus, mehr Bildung und Verbesserung der sozialen Leistungen durchzuführen. Alle diese Reformen waren nur durchzusetzen, wenn der Staat sich massiv verschuldete. Die Ölkrisen Anfang und Mitte der 1970er Jahre und die Weigerung Moskaus, die geplante Modernisierung der DDR-Energie auf der Basis von Öl und Gas durchzuführen, zwang die DDR-Führung verstärkt auf Braunkohle zu setzen, für die Umwelt und deren Schutz eine unverzeihliche Katastrophe.

---

60   Lutz, Burkart: Betriebe im realen Sozialismus als Lebensraum und Basisinstitution. Erste Hypothesen und offene Fragen zu Transformationsforschung, in: Schmidt, Rudi; Lutz, Burkart (Hrsg.): Chancen und Risiken der industriellen Restrukturierung in Ostdeutschland. (Schriftenreihe der Kommission für die Erforschung des sozialen und politischen Wandels in den neuen Bundesländern e. V., KSPW), Berlin 1995, S. 136–158.

Ferner wollte Honecker die letzten übriggebliebenen kapitalistischen Strukturen beseitigen. Hier konzentrierte er sich auf die Betriebe mit halbstaatlicher Beteiligung. Die Politpropaganda griff vor allem die Komplementäre dieser Gesellschaften an und diffamierte ihr Streben nach überdurchschnittlichen Gewinnen. Diese Neid-Propaganda machte sich das Politbüro zunutze. Der Komplementär einer halbstaatlichen Gesellschaft wusste ganz genau, dass ohne Genehmigung des Staates eine Auflösung der Gesellschaft nicht möglich war. So gesehen war es ein „Kompromiß des Arbeiter- und Bauernstaates mit den Resten der Kapitalistenklasse"[61].

Auf der vierten Tagung des ZK der SED vom 17. Dezember 1971 konkretisierte der Leiter der Staatlichen Planungskommission, Gerhard Schürer, seine Pläne. Er wollte genauso wie der Finanzminister Siegfried Böhm Bedingungen schaffen, damit „der Prozeß der sozialökonomischen Umschichtung"[62] durchgeführt werden könne. Honecker griff diese Forderungen auf, sodass bereits Anfang 1972 das Los der noch existierenden 11 800 Betriebe mit staatlicher Beteiligung besiegelt war. Je nach Intensität der Umsetzung der Verstaatlichung in den einzelnen Regionen wurden die Komplementäre Betriebsdirektoren oder kamen ins Gefängnis. Die Verstaatlichungskampagne wurde mit aller Härte durchgeführt.

Handlungsempfehlung

Es ist dringend erforderlich, die Geschichte der Unternehmen in der ehemaligen DDR von 1945 bis 1989 wissenschaftlich und lückenlos aufzuarbeiten. Hier haben alle – politische und wirt-

---

61 Schier, Walter: Die Weiterentwicklung der staatlichen Leitung der halbstaatlichen Industriebetriebe in der Periode des umfassenden Aufbaus des Sozialismus, Diss. Leipzig 1965, S. 3.
62 Hoffmann, Heinz: Die Betriebe mit staatlicher Beteiligung im planwirtschaftlichen System der DDR 1956–1972. (Beiträge zur Wirtschafts- und Sozialgeschichte, Bd. 79), Stuttgart 1999, S. 125.

schaftliche Institutionen (z. B. die Industrie- und Handelskammern in diesen Regionen, Arbeitgeberverbände, Gewerkschaften etc.), aber auch die betroffenen Unternehmen selbst – eine hohe Verantwortung. Die Aufarbeitung der Geschichte der Unternehmen in der DDR kann wesentlich zur Aufklärung der Ungerechtigkeiten beitragen, aber auch das Verständnis für die Handlungen der Unternehmer in dieser schwierigen Zeit fördern. Transparenz und Wahrheitsfindung sind wesentliche Voraussetzungen, um totalitären Bestrebungen entgegenzuwirken.

2.6.2 Die schwierige Reprivatisierung

Weder die Politik oder die Wissenschaft noch die westlichen Wirtschaftsinstitute waren auf die Folgen der Wiedervereinigung vorbereitet. Nur so ist zu verstehen, dass der Wiedervereinigungsprozess politisch, ökonomisch, gesellschaftlich und kulturell viele Wunden hinterließ, die bis heute massiv nachwirken. Die Enttäuschung der Bürger, vor allem aber der Unternehmer in den neuen Bundesländern ist noch lange nicht beseitigt, wie die jüngsten Wahlergebnisse dokumentieren. Es ist anzunehmen, dass der Aufstieg der AFD-Partei in den neuen Bundesländern seinen Ursprung unter anderem auch in der misslungenen Gestaltung der Wiedervereinigung durch die westdeutschen Behörden hat.

Nach der Wiedervereinigung wurden über die am 1. März 1990 neu gegründeten Treuhandanstalt fast alle verstaatlichten Betriebe reprivatisiert. Die Treuhand hatte hierbei allerdings nicht immer eine glückliche Hand.[63] Die wirtschaftliche Erwartung an die zukünftigen Betriebe der neuen Bundesländer war allgemein hoch. Mit der Gründung der Treuhand erhofften sich alle „eine bessere Ordnung

---

63 Buss, Klaus-Peter: Mit ererbten Kompetenzen zu neuen Geschäftsmodellen. Ostdeutsche Betriebe auf dem Weg von der Plan- in die Marktwirtschaft, Wiesbaden 2014, S. 8ff. und S. 23ff.

der Wirtschaft, einen größeren Erfolg der Wissenschaftler und Ingenieure bei der Umsetzung von Ideen in tragfähige Arbeitsplätze und eine gute Entwicklung, losgelöst von den Fesseln einer staatsbürokratischen Planung"[64].

Unter der Leitung von Detlev Rohwedder begann die Treuhandanstalt ab 1990 mit der Privatisierung der Ost-Betriebe, d. h. für die Sicherung, Neuordnung und Privatisierung des Vermögens der volkseigenen DDR-Betriebe zu sorgen; „Nichtwettbewerbsfähige Unternehmen hingegen sollten endgültig stillgelegt und ihr Vermögen verwertet werden"[65]. Die Treuhand war nun Eigentümerin von 8000 Kombinaten und Betrieben und somit Arbeitgeberin von ca. 4 Millionen ostdeutschen Bürgern.

Es zeigte sich rasch, dass die 17 Milliarden DM, die der Treuhand zur Verfügung standen, nur ein „Tropfen auf dem heißen Stein" waren. Eine klare Fehlerwartung bestand darin, aus der Reprivatisierung hohe Erträge zu erwirtschaften. Wie sollte das bei einer total maroden ostdeutschen Wirtschaft gehen? Zudem verstärkten zahlreiche falsche Vorstellungen und Voreingenommenheit auf beiden Seiten die soziale Kluft.

Die Kritik an der Treuhand wurde von Monat zu Monat größer. Die Treuhand konnte die ihr gestellten Aufgaben bei der Menge der zu verkaufenden Immobilien (etwa 50 000), Privatisierungen oder Verkäufen von ca. 25 000 Kleinbetrieben und 10 000 Kombinaten nicht solide erfüllen. Die hohe Arbeitslosigkeit (14,2 Prozent) und die Betriebsschließungen sind allerdings nicht allein der Treuhand anzukreiden, da die vorgegebenen politischen Rahmenbedingun-

---

64 Drewnick, Robert: Dokumentation 1990–1994 / Treuhandanstalt, Berlin 1994, S. 4.
65 Brücker, Herbert: Privatisierung in Ostdeutschland. Eine institutionen-ökonomische Analyse, Frankfurt am Main 1995, S. 215f.

gen, wie z. B. der festgelegte Wechselkurs von eins zu eins bei der Währungsreform, viele Reformen verhinderten.

Handlungsempfehlung

Die Unternehmer und Wirtschaftsinstitutionen haben auch hier eine hohe Verantwortung, die Reprivatisierung als Gesamtakt, aber vor allem die Einzelprivatisierungen aufzuarbeiten. Viele redeten von der Wiedervereinigung und glaubten an sie, allerdings sahen sie deren Verwirklichung in weiter Ferne. So war niemand auf die Wiedervereinigung vorbereitet, als sie dann wirklich zustande kam. Die Geschichte liefert das Instrumentarium, mit dem Modelle für zukünftige Entwicklungen erstellt werden können. Es wäre eine hohe ökonomische Leistung gewesen, hätte jemand vor 1990 ein Modell geliefert, wie z. B.: „Wie überführe ich erfolgreich eine Planwirtschaft in eine Marktwirtschaft?" Eine vorausschauende Studie hätte die Prozesse der Wiedervereinigung deutlich erleichtert.

3 Die Institutionalisierung der unternehmensgeschichtlichen Forschung

3.1 Erste Aktivitäten und Versuche

In den USA erscheint seit 1926 die aus dem Bulletin of the Business Historical Society hervorgegangene Business History Review, die von der Harvard Graduate School of Business Administration herausgegeben wird.[66] Business- und Managementschulen mit einer vielseitigen, gemischten Auswahl an theoretischer und empirischer Lehre und Forschung besaßen in den USA seit jeher ein hohes Ansehen. Auch die Initiative der Rockefeller-Foundation, die für einen Zeitraum von zehn Jahren ein Forschungszentrum für Business History an der Harvard University errichtete, das Research Center in Entrepreneurial History,[67] hatte eine positive Auswirkung auf die Entwicklung der Unternehmensgeschichte in den USA. Zahlreiche bedeutende Wirtschaftshistoriker, die unternehmensgeschichtliche Themen immer im Fokus hatten, lehrten hier. So z. B. David S. Landes (1924–2013), der über die jüdische Bankiersfamilie Bleichröder[68] ebenso schrieb wie über die Wirtschaftsdynastien in der Weltge-

---

66 Redlich, Fritz: Anfänge und Entwicklung der Firmengeschichte und Unternehmensbiographie. Das deutsche Geschäftsleben in der Geschichtsschreibung, in: Erstes Beiheft der TRADITION Zeitschrift für Firmengeschichte und Unternehmerbiographie, Baden-Baden 1959, S. 53.
67 Jaeger, Hans: Gegenwart und Zukunft der historischen Unternehmensforschung, in: TRADITION. Zeitschrift für Firmengeschichte und Unternehmerbiographie, 17. Jahrgang, 1972, S. 107–124, hier S. 111–116.
68 Das Bankhaus Bleichröder. Ein Zwischenbericht, in: Weltsch, Robert (Hrsg.): Deutsches Judentum, Aufstieg und Krise. Gestalten, Ideen, Werke. Vierzehn Monographien. Veröffentlichung des Leo-Beck-Instituts, Stuttgart 1963, S. 187–215.

schichte.[69] Wegweisend für die Wirtschaftsgeschichte Westeuropas war seine Arbeit „Der entfesselte Prometheus", die der Wirtschaftshistoriker Toni Pierenkemper als ein „Standardwerk zur Industrialisierung Westeuropas mit besonderer Berücksichtigung der technologischen Neuerungen" bezeichnete.[70] Ein weiteres Beispiel ist Alfred D. Chandler (1918–2007), der an der Harvard University Geschichte studierte und von 1950 bis 1963 am Massachusetts Institut of Technology (MIT) über neue Zugänge zur Unternehmensgeschichte forschte. Ab 1970 lehrte er als Professor für Unternehmensgeschichte an der Harvard Business School. Er gilt als der Begründer der unternehmensgeschichtlichen Forschung. In seinem richtungsweisenden Werk „Strategy and Structure" (▶ Kap. 4.2.1) standen nicht mehr die Unternehmensleiter im Fokus, sondern die Entstehung der Großkonzerne und die Entwicklung ihrer Organisationsstruktur, so z. B. bei General Motors, DuPont oder Exxon.

In Russland leitete Maxim Gorki 1932 mit seinem Artikel „Die Geschichte der Fabriken und Werke" in der Prawda die Betriebsgeschichtsschreibung in der UdSSR und den Ostblockstaaten ein.[71] Zwei Wirtschaftssysteme erzeugten zwei völlig unterschiedliche Ansätze in der historischen Behandlung von Unternehmen. Für die Protagonisten des kapitalistischen bzw. marktwirtschaftlichen Systems bildete das Kapital die Basis des Unternehmens und seines Erfolges. Im sozialistischen bzw. kommunistischen Wirtschaftssystem stand der Arbeiter, der in seinem Betrieb produzierte, im Vordergrund: so auch in der Betriebsgeschichte der DDR. Mehr als zweitausend

---

69 Landes, David: Die Macht der Familie. Wirtschaftsdynastien in der Weltgeschichte, München 2006.
70 Pierenkemper, Toni: Wirtschaftsgeschichte. Die Entstehung der modernen Volkswirtschaft. (Akademie Studienbücher Geschichte), Berlin/Boston 2015, S. 102.
71 Klarmann, Norbert G.: Die Institutionalisierung der unternehmensgeschichtlichen Forschung durch die Gesellschaft für Unternehmensgeschichte, Sonderdruck aus Bankhistorisches Archiv, in: Zeitschrift für Unternehmensgeschichte, Heft 1/1977, S.71–74, hier S. 72.

Monographien und zahllose Aufsätze und Artikel zur Betriebsgeschichte wurden zwischen 1949 und 1990 in der DDR veröffentlicht.[72] Bis zu 20 000 Mitarbeiter waren zeitweise mit der Erforschung der Geschichte ihres Betriebes beschäftigt. Diese Publikationen gehören mit Sicherheit nicht auf die „Müllhalden der Geschichte". Sie bieten vielmehr – trotz aller Ideologie – eine wichtige Quelle zum Verständnis der Denkweise der Mitarbeiter in den Betrieben der damaligen Zeit. Hans Radandt[73] und Jürgen Kuczynski[74] prägten neben anderen das Bild der Betriebsgeschichte.

In allen Ländern gewann die Unternehmensgeschichte zwischen den beiden Weltkriegen an Bedeutung. Nach dem Zweiten Weltkrieg setzte sich diese Entwicklung fort.

3.2 Wilhelm Treue, der Gründer der Zeitschrift TRADITION 1957

Es ist vor allem Wilhelm Treue[75], Universität Göttingen und Hannover, der sich mit Firmengeschichte, vor allem Technikgeschichte und Unternehmerbiografie befasste, zu verdanken, dass in Deutschland nach 1945 an den Universitäten, aber auch in den Unterneh-

---

72 Kluge, Arnd: Betriebsgeschichte in der DDR – ein Rückblick, in: Zeitschrift für Unternehmensgeschichte, 38. Jahrgang, Heft 1/1993, S. 49–62, hier S. 49.
73 Radandt, Hans: Der Stand der Geschichte der Fabriken und Werke in der Deutschen Demokratischen Republik, in: JWG (Jahrbuch für Wirtschaftsgeschichte) 1960 II, S. 153–199.
74 Kuczynski, Jürgen: Zur Geschichte der Wirtschaftsgeschichte, Berlin (Ost) 1978.
75 Den Lebensweg und die Bedeutung von Wilhelm Treue als Wirtschaftshistoriker wird ausführlich beschrieben in Teuteberg, Hans-Jürgen: Wilhelm Treue als Nestor der Unternehmensgeschichte, in: Zeitschrift für Unternehmensgeschichte, Nr. 1/2002, 47. Jg., S. 223–257.

men die Unternehmensgeschichte in der Diskussion blieb. 1955/56[76] gründete er die „TRADITION. Zeitschrift für Firmengeschichte und Unternehmerbiographie". Er war der erste Historiker in Deutschland, der sich intensiv mit der Geschichte von Unternehmen auseinandersetzte. Die TRADITION „füllt seit ihrem ersten Band eine echte Publikationslücke"[77]. Seine enge Kooperation mit dem Institut der deutschen Wirtschaft (damals Deutsches Industrieinstitut) und das Interesse des Direktors des Instituts der deutschen Wirtschaft, Dr. Fritz Hellwig – vormals Leiter des Saarwirtschaftsarchivs –, und seines Mitarbeiters Gert H. Schlottmann[78] an der Geschichte der Unternehmen führten dazu, dass Wilhelm Treue dem Institut der deutschen Wirtschaft seine Pläne zur Errichtung eines wissenschaftlichen Instituts zur Erforschung der Geschichte der Firmen vorlegte. Leider kam es nicht zur Umsetzung der Pläne von Wilhelm Treue.

Engen Kontakt pflegte Wilhelm Treue mit dem Ordinarius für Wirtschaftsgeschichte an der Hochschule für Welthandel in Wien, Alois Brusatti, der dort 1971 den Verein der wissenschaftlichen Forschung auf dem Gebiete der Unternehmerbiographie und Firmengeschichte gegründet hatte. Bereits der Name zeigt die enge Verbindung zu Treues TRADITION.

Neben zahlreichen Beiträgen zur Geschichte vor allem deutscher Unternehmen und Biographien deutscher Unternehmer enthielt die TRADITION seit 1967 eine Bibliographie zur Firmengeschichte

---

76 Treue, Wilhelm: Eine Zeitschrift für Firmengeschichte und Unternehmerbiographie, in: TRADITION. Zeitschrift für Firmengeschichte und Unternehmerbiographie, Band 1 (1956), S. 1–12.
77 Rattinger, Hans: Die „Tradition" 1956 bis 1971: Themen und Trends in Firmengeschichte und Unternehmerbiographie, in: TRADITION. Zeitschrift für Firmengeschichte und Unternehmerbiographie. 18. Jahrgang, Jahresheft 1973, S. 4–17, hier S. 4.
78 Brüninghaus, Beate: Gesellschaft für Unternehmensgeschichte – Geschichte ihrer Gründung, in: Zeitschrift für Unternehmensgeschichte. 31 Jg. Heft 1/1986. Sonderdruck, Stuttgart 1986, S. 1–4, hier S. 1.

und Unternehmerbiographie. Die Basis bildeten in erster Linie die Anschaffungen von Wirtschaftsliteratur des Instituts der deutschen Wirtschaft in Köln. Die Leiterin der Bibliothek mit mehr als 12 000 Titeln, Ina Neumann, war für diese erste umfangreiche Bibliographie in der TRADITION zuständig.[79] Klara van Eyll, die Leiterin des Rheinisch-Westfälischen Wirtschaftsarchivs in Köln, nannte diese Bibliographie in einem Vortrag in Budapest 1972 „die wohl geschlossenste und vollständigste Spezialbibliothek zum Schrifttum von Firmen"[80].

Gerade das Jahresheft der TRADITION für das Jahr 1974 zeigt, dass es bereits zu diesem Zeitpunkt unterschiedliche Auffassungen über die Qualität von Unternehmensgeschichten gab. Hans Jaeger, selbst Mitherausgeber der Zeitschrift TRADITION, aber auch bei der „Neuen Deutschen Bibliographie" für die Beiträge über Unternehmensgeschichte und Unternehmerbiographien zuständig, kritisierte in einem Aufsatz in der Business Historie Review 1974[81], die Bibliographie in der TRADITION sei „nicht kritisch" und „mehr als 80 %" beträfen „kleine Pamphlete von höchstens 30 und gelegentlich kaum einem Dutzend Seiten"[82].

3.3 Gründung der Vereinigung Deutscher Werksarchivare 1957

Ende der zwanziger Jahre des vorigen Jahrhunderts wurde im Zuge der Diskussionen um ein Archivgesetz vor allem von Albert Brackmann, seit 1929 Generaldirektor der Preußischen Staatsarchive

---

79 Neumann, Ina: Bibliographie zur Firmengeschichte und Unternehmerbiographie, in: TRADITION Zeitschrift für Firmengeschichte und Unternehmerbiographie, 19. Jahrgang, Jahresheft 1974, S. 48–56, mit einer Vorbemerkung von Wilhelm Treue.
80 Zitiert nach ebd. S. 48.
81 Jaeger, Hans: Business History in Germany, in: Business History Review XLVIII, 1974, S. 34.
82 Ebd.

gefordert, die Bestände der nichtstaatlichen Archive in die Staatsarchive einzugliedern.[83] Er stieß auf heftigen Widerstand bei der rheinisch-westfälischen Eisen- und Stahlindustrie. Zu diesem Zeitpunkt gab es nur wenige Unternehmen, die sich eigene Archive (z. B. Siemens, Krupp, Bayer) mit Fachpersonal leisteten. Die meisten größeren Unternehmen und Banken hatten gut geordnete Archive, die aber den Charakter von Registraturen (z. B. Deutsche Bank) besaßen. Allerdings bildeten diese Bestände später die Basis für die umfangreichen historischen Archive. Ferner gab es zwei regionale Wirtschaftsarchive: das Rheinisch-Westfälische Wirtschaftsarchiv in Köln und das Südwestdeutsche Wirtschaftsarchiv in Saarbrücken, das sog. Saarwirtschaftsarchiv.

1937 gründeten Vertreter der Wirtschaft den „Ausschuss für Archivschutz" mit dem Ziel, das wirtschaftshistorisch relevante Schriftgut aus der rheinisch-westfälischen Industrieregion zu bewahren. Mit der Einbeziehung der Leiter der Staatsarchive in Münster und Düsseldorf kam es zu nützlichen Kooperationen ohne einseitige Übernahmegedanken. In der ersten Sitzung des Werksarchivausschusses am 2. März 1937 wurden „Richtlinien für das Werksarchiv" aufgestellt. Es war der Beginn der Anerkennung der Werksarchive und ihrer Mitarbeiter in den Unternehmen.

Nach schwierigen Zeiten infolge des Zweiten Weltkrieges gelang es der Wirtschaftsvereinigung der Eisen- und Stahlindustrie am 14. September 1954 den „Ausschuss für Archivpflege", den ehemaligen Archivausschuss, zu gründen. Nur zwei Monate später gründete Paul Hermann Mertes als Leiter des Westfälischen Wirtschaftsarchivs (gegründet 1941) bei der IHK Dortmund die neue Arbeitsgemeinschaft rheinisch-westfälischer Werks- und Wirtschaftsarchivare. Am 20. Dezember 1957 fand dann in der Industrie- und Handelskammer in Dortmund die konstituierende Sitzung der Vereinigung Deutscher

---

83 Vereinigung der deutschen Wirtschaftsarchivare e. V. (Hrsg.): 50 Jahre Vereinigung deutscher Wirtschaftsarchivare 1957–2007, Stuttgart 2007, S 9f.

3.3 Gründung der Vereinigung Deutscher Werksarchivare 1957

Werksarchivare statt. In der Gründungssatzung ist festgelegt, „die Werksarchivarbeit zu fördern sowie werks- und betriebsgeschichtliche Studien zu unterstützen"[84].

Das heißt konkret: die Wirtschaftsarchivare hatten von Anfang an auch die Aufgabenstellung und Zielsetzung, die unternehmensgeschichtliche Forschung zu unterstützen und zu fördern. Diese Aufgabe bildete bei den vorbereitenden Arbeiten zur Gründung einer Gesellschaft für Unternehmensgeschichte eine wichtige Rolle.

Zwar haben sich zahlreiche Unternehmensarchive in den letzten Jahrzehnten weiterentwickelt, die Digitalisierung hat die Arbeit wesentlich verändert. Aber die Unternehmensarchivare werden in fast allen Unternehmen – sofern überhaupt ein Archiv vorhanden ist – als „schöngeistige Exoten" betrachtet, die eventuell zu Jubiläen oder besonderen historischen Ereignissen gefragt sind. Als auf dem Deutschen Archivtag 1987 Manfred Pohl die Unternehmensarchivare in der Nähe des Vorstandes sah, sie als „Historical Broker" bezeichnete und das Quellenmaterial als eine zentrale Dokumentation für die strategische Ausrichtung des Unternehmens bezeichnete, erntete er Kopfschütteln. Seine Ausführungen über eine Technisierung der Archivprozesse mit Microfiche und Computer, wie es die National Bank of Greece in Athen unter der Leitung von Gerassimo Notaras bereits praktizierte, erntete nur Verständnislosigkeit. Es waren die ersten Versuche, das Archivmaterial „digital" zur Verfügung zu stellen. Microfiches hatten zwar nur eine kurze Zukunft, denn die Digitalisierung beendete alle damaligen Versuche schnell und nachhaltig, dennoch wird bis heute in den meisten Archiven jede Neuerung abgelehnt.

Heute stehen wir am Anfang einer unaufhaltsamen Revolution im Archivwesen generell und in den Unternehmensarchiven im Be-

---

84   Ebd. S. 18.

sonderen. Die Künstliche Intelligenz wird die Archive in eine neue Dimension führen, die auch die Funktion des klassischen Archivars verändern wird.

Handlungsempfehlungen

- Die Ausbildung der Unternehmenshistoriker vor allem an den Lehrstühlen für Wirtschafts- und Sozialgeschichte muss sich den zukünftigen Erfordernissen der Unternehmen anpassen, etwa in der gleichen Weise wie die Ausbildung an den Lehrstühlen in der Betriebswirtschaft und der Volkswirtschaft organisiert sind. Nur so erlangen sie die Kompetenz, in der strategischen Planung des Unternehmens eine bedeutende Rolle einzunehmen.

- Die Unternehmen müssen Unternehmenshistoriker mit dem Ziel einstellen, auf der Basis ihres Fachwissens eigene Strategien zu erarbeiten oder an Strategie- oder Organisationsplänen des Unternehmens etc. mitzuarbeiten. Hierzu können z. B. historische Ketten erstellt werden, die aus der Geschichte des Unternehmens Erkenntnisse ableiten, die vor Fehlentscheidungen bewahren oder neue Elemente kreieren, z. B. durch die Erstellung von Finanz- und Investitionsketten.

- Unternehmensgeschichte, Unternehmenskultur, Volks- und Betriebswirtschaft, Kommunikation, Marketing und andere für die zukünftige Entwicklung eines Unternehmens wichtige Bereiche könnten in einer Forschungs- und Entwicklungsabteilung zusammengeschlossen werden, um zukunftsentscheidende Konzepte zu erstellen.

- Die Ergebnisse aller dieser Bereiche sind kompatibel und für die Benutzer leicht und schnell zugänglich.

3.3.1 Interview mit Dr. Martin L. Müller, Vorsitzender Vereinigung der Wirtschaftsarchivarinnen und Wirtschaftsarchivare e. V. (VdW) 2014–2024

Ist das Ansehen der Archivare in den in den Unternehmen gestiegen? Wie sind die Entwicklungen der letzten Jahre?

Die Zeit seit den frühen 1990er Jahren kann ich prinzipiell als einen stetigen Prozess der Professionalisierung beschreiben. Das heißt, die Archivare haben zunehmend einen akademischen Hintergrund, meistens in einem geisteswissenschaftlichen Fach (z. B. Geschichte), oft ergänzt durch eine archivische Ausbildung. Sie wählen daher nicht mehr den klassischen Archivweg, etwa die Archivschule Marburg, die Fachhochschule Potsdam oder die VDW, die diese Ausbildung in ihrem Programm anbietet.

Der Bestand an Unternehmensarchiven ist, was zumindest die großen Unternehmen betrifft, einigermaßen konstant. Insgesamt ist in den letzten Jahren zu beobachten, dass sich die Anzahl des Personals im Archivwesen verringert. Erfreulich ist jedoch, dass sich immer mehr Unternehmen dazu entschließen, eigene Unternehmensarchive zu gründen und eigene Unternehmensarchivare zu beschäftigen. Heute gibt es ein breiteres Spektrum, das nicht nur auf die DAX-Unternehmen konzentriert ist, sondern auch den Mittelstand, z. B. die Familienunternehmen, die Hidden Champions etc. betrifft.

Einhergehend damit hat sich auch unser Verband professionalisiert. Das deutlichste Anzeichen dafür ist eine eigene Geschäftsstelle, die seit kurzem existiert (u. a. auch aus Compliance-Gründen). Professionalisierung der Verbandsarbeit erfolgt durch die Herausgabe eine Zeitschrift, die Jahrestagungen, die Arbeitskreise, worin viele fachliche Fragen behandelt werden, wie z. B. Digitalisierung, elektronische Archivierung von Foto und Film oder Globalisierung in den

Wirtschaftsarchiven. Die VDW haben etwa 150 institutionelle und 250 persönliche Mitglieder.

| Inwiefern bietet die VdW Unterstützung für Unternehmen an, wenn es darum geht, ein Archiv aufzubauen?

Der VDW ist gerne die erste Anlaufstelle, wenn es um Beratung geht und bietet ihre Unterstützung über die regionalen Wirtschaftsarchive an. Die regionalen Wirtschaftsarchive spielen hierbei eine große Rolle, da sie in der VDW organisiert sind. Neben dem ältesten Wirtschaftsarchiv, dem Rheinisch-Westfälischen sowie dem Westfälischen Wirtschaftsarchiv, befindet sich seit bereits 30 Jahren ein Wirtschaftsarchiv auch in Hessen, ferner besitzen Bayern, Baden-Württemberg, aber auch Städte wie Leipzig oder Hamburg welche.

| An welche Abteilungen sind Archive in Unternehmen in der Regel angebunden?

Es gibt da keine festen Regeln. Von Unternehmen zu Unternehmen ist das unterschiedlich. Es kann sich auch immer wieder verändern. In der Deutschen Bank hat es sich mehrfach geändert: Zunächst gehörte das Archiv zum Generalsekretariat, welches heute in dieser Form nicht mehr existiert. Danach gehörte es zu dem damals neu geschaffenen Kulturbereich. Schließlich war das Archiv an den Bereich Marke/Brand angehängt. Seit ca. einem Jahr befindet sich das Archiv der Deutschen Bank im Bereich Content Management, in dem es um die Betreuung von Inhalten zur Kommunikation geht. Selbstverständlich arbeiten wir auch weiterhin, je nach Thematik, mit anderen Abteilungen zusammen. In diesem Jahr ist es verstärkt die Abteilung Marke, denn das Stankowski-Logo wird 50 Jahre alt.

| Die Unternehmensgeschichte hat sich in den letzten 50 Jahren enorm entwickelt – zum einen durch die Institutionalisierung, zum anderen durch die Anbindung an Universitäten. Hat sich

3.3 Gründung der Vereinigung Deutscher Werksarchivare 1957

| dadurch das Archivwesen verändert? Beispielsweise so, dass die Archive mehr in die Unternehmen und Unternehmensentscheidungen einbezogen werden?

In die Strategie können sich Unternehmensarchivare nicht einmischen, aber eine gute Archivarbeit beinhaltet auch, genauso wie gute Unternehmenskommunikation, die Reputation „seines" Unternehmens zu schützen. Das ist die Kernaufgabe, aber wie führt man diese aus? Beispielsweise haben Unternehmen früher bei dem Thema Unternehmen im Nationalsozialismus dieses eher negiert oder im besten Fall den Kopf in den Sand gesteckt. Die vernünftige Strategie war aber die, wie wir heute wissen, dass man die Tatsachen offen und ungeschminkt ausgesprochen hat.

Die Aufgabe eines Unternehmensarchivars sollte also sein, das Management auf entscheidende Entwicklungen in der Geschichte des Unternehmens aufmerksam zu machen und zu versuchen, dieses dafür zu sensibilisieren, so z. B. zum Verhalten des Unternehmens in der NS-Zeit.

Es gibt aber auch andere Themen, bei denen kritisch auf andere Unternehmen geschaut wird, wie z. B. der ganze Komplex des Kolonialismus (Unternehmen in der Kolonialzeit) in Deutschland, aber vor allem international (Spanien, Frankreich, Großbritannien), oder bei Fragen zum Umweltschutz, die viele Branchen betreffen und die ein hohes Potenzial besitzen, die Unternehmensreputation zu beeinträchtigen und zudem ein hohes Rechtsrisiko in sich bergen. Es wird auch da, ähnlich wie bei dem Thema Nationalsozialismus, mit Klagen gegen Unternehmen vorgegangen.

| Welche Punkte oder Herausforderungen sehen Sie als relevant für die Zukunft der Unternehmensgeschichte und -archive?

Wenn wir auf die Unternehmensgeschichte schauen, beobachten wir seit Jahren Gründungen von kommerziellen Geschichtsagenturen. Darunter gibt es gute und weniger gute. Als Vereinigung der Wirtschaftsarchivarinnen und Wirtschaftsarchivare e. V. beobachten wir mit gewisser Sorge, weil diese Agenturen sich zunehmend auch den Archiven widmen und Archivdienstleistungen den Unternehmen anbieten, unserer Meinung nach teilweise zu Dumpingpreisen. Für Unternehmen kann das sehr attraktiv sein, aber oftmals wird diese Dienstleistung von angelernten Mitarbeitern getätigt, die nicht viel verdienen und oft das Metier wechseln. In unserem Beruf ist jedoch eine gewisse Kontinuität und Erfahrung sehr wichtig. Zudem fehlt dabei auch die Bindung zu dem Unternehmen. Es gab einen Fall, der auch in unserer eigenen Zeitschrift veröffentlicht wurde. Dabei fiel folgender Satz: „Es kann nicht die Aufgabe eines Container-Dienstleisters sein, ein Unternehmensarchiv zu betreiben." Diesen Satz kann man auf jede Branche übertragen: Es kann auch nicht die Aufgabe einer Bank oder eines Autoherstellers sein, ein Unternehmensarchiv aufzubauen. Dieser Satz hat einen Shitstorm hervorgerufen, weil sich viele unserer Mitgliedsunternehmen zur Wehr gesetzt haben. Befruchtend, weil es eine Diskussion ausgelöst hat, die in die Richtung geht zu fragen: Wohin gehört das Unternehmensarchiv? Unsere Meinung ist, dass das Unternehmensarchiv eng an den Archivträger, nämlich das Unternehmen, angebunden sein muss. Wir halten es nicht für gut, wenn das Unternehmensarchiv outgesourct ist und man es wie eine Unternehmenskantine betreibt. In Bezug auf meine vorherige Aussage, mit dem Blick auf langfristige Themen und die Sensibilisierung des Managements, wird ein Dienstleister, der hauptsächlich Akten aufnimmt und verzeichnet, inventarisiert und eventuell zur Benutzung zur Verfügung stellt, die Kontinuität und den Blick nicht haben.

Darüber hinaus ist mir noch ein Punkt sehr wichtig, der in den letzten 25 bis 30 Jahren eine neue Dimension und eine völlig neue Qualität bekommen hat und unsere gesamte Kulturüberlieferung betrifft: Das Ende des Papierzeitalters. Dieses Phänomen betrifft die gesamte Gesellschaft, aber insbesondere die Unternehmen. Wir, die Unternehmensarchive, bekommen immer weniger Archivgut, das auf klassischem Papier abgebildet ist und immer mehr Archivgut, das nur noch digital entsteht. Dabei handelt es sich nicht um analoges Schriftgut, das digitalisiert werden soll (dies ist relativ gut beherrschbar), sondern um die Entstehung von vielen Dingen, die rein digital vorliegen, wie beispielsweise millionenfache E-Mails in Unternehmen. Es stellt sich die Frage, was mit hunderttausenden von E-Mails passiert, die beispielsweise der Vorstand eines Unternehmens in einem Zeitraum von 10 Jahren empfängt. Fragen wie diese sind zum Teil immer noch ungelöst. Für die Unternehmensarchive stellen sie eine Herausforderung dar, denn diese stehen nun vor der Frage, wie sie die Informationen, die auf diese Art entstehen, für die zukünftigen Generationen, zukünftigen Forscher sowie für das Unternehmen selbst erhalten können. Dies wird womöglich zum Teil auch Informationsverluste nach sich ziehen. Wenn man z. B. an die Einführung des Telefons denkt, findet man plötzlich (seit ca. 1910) in den Briefen oder in den Aktennotizen Bemerkungen wie „Wir können das bei der nächsten Gelegenheit telefonisch besprechen". Man hat sich also für den Telefonaustausch entschieden, weil dieser vertraulicher war. Ein Telefonaustausch war vertraulicher und man konnte viel freier über die Ansichten sprechen, die Dritte nicht erfahren sollten, als dies schriftlich zu kommunizieren.

Neben diesem Kulturbruch beschäftigt Unternehmensarchive auch die Frage, was sie aktiv machen können, um in einem Umfeld, welches in Deutschland so aussieht, dass es keine Aufbewahrungspflicht für Unternehmensschriftgut gibt (es gibt Aufbewahrungsfristen), die in jedem Land anders definiert sind (Handelskorrespondenz sieben Jahre) etc. eine langfristig tragende Lösung findet. Ein mögliches Instrument (neben Positionierung, Reputationsverteidigung, Markenschutz etc.) ist das Kulturschutzgesetz, das erlaubt, Kulturgut, das im privaten Besitz ist – wertvolle Bilder oder sonstiges, aber auch Archive oder Teile von Archiven – auf die Kulturschutzliste zu setzen. Wenn man auf der nationalen Liste steht, dann gibt es einen Schutz, der durch die zuständige Behörde garantiert, dass das Archivgut beispielsweise nicht ins Ausland gebracht, nicht vernichtet werden oder unangebracht untergebracht werden darf. Dies wäre zum einen für den Archivar eine wichtige Argumentation dem Unternehmen gegenüber, das Archivgut aufzubewahren, zum anderen wäre es für das Unternehmen eine Auszeichnung, dass das Unternehmensarchivgut von nationalem Interesse ist. Auf der Liste des nationalen Kulturguts stehen die Archive der Deutsche Bank, der Commerzbank, der Dresdner Bank, der Degussa oder der Firma Merck in Darmstadt, um nur einige Beispiele aus Hessen zu nennen.

3.4 Das Institut für bankhistorische Forschung

Im Juli 1962 wurde in Frankfurt am Main von dem renommierten Finanzjournalisten Erich Achterberg (1895–1975) das „Archiv für bankgeschichtliche Forschung. Bankhistorisches Institut" auf der Basis seiner umfangreichen Bibliothek errichtet. Achterberg hatte in ihr eine hervorragende Auswahl von Schriften über das deutsche und internationale Finanzwesen, einschließlich eines beachtlichen Bestandes an bankhistorischen Werken, zusammengetragen. Er selbst hatte zahlreiche Studien zur Bankgeschichte veröffentlicht.[85] 1968 gründete Erich Achterberg mit den 18 Mitgliedsinstituten das Kuratorium zur Pflege der Bankengeschichte.

---

85 Veröffentlichungen von Erich Achterberg (eine Auswahl): Der Bankplatz Frankfurt am Main. Eine Chronik (1955); Frankfurter Bankherren, (1956); Lebensbilder deutscher Bankiers aus fünf Jahrhunderten, zusammen mit Maximilian Müller-Jabusch (1963). Ferner verfasste er zahlreiche Festschriften, so z. B. für das Bankhaus Hardy & Co., 1956; Deutsche Hypothekenbank, 1962; Deutsche Girozentrale, 1968; Süddeutsche Bodencreditbank, 1971; Stadtsparkasse Frankfurt am Main, 1956; Frankfurter Wertpapierbörse, 1960.

3.4 Das Institut für bankhistorische Forschung

1969 wurde das Bankhistorische Institut in den gemeinnützigen Verein „Institut für bankhistorische Forschung e. V." (IBF) umgewandelt. Es sollte näher an die Johann Wolfgang Goethe-Universität angegliedert werden und einen stärkeren wissenschaftlichen Hintergrund erhalten. Prof. Rosemarie Kohlbeck, Betriebswirtschaftliche Institutslehre an der Goethe-Universität, übernahm die Geschäftsführung. Ihr assistierte der junge Betriebswirt Norbert G. Klarmann.

Bis 1973 dominierten im Institut für bankhistorische Forschung von den 55 Mitgliedsinstituten die Dresdner Bank, die Sparkassen und Genossenschaftsbanken Vorstand und Kuratorium. Mit der Neubesetzung des Historischen Instituts der Deutschen Bank – das nach dem Tod des Wirtschaftsjournalisten Fritz Seidenzahl kommissarisch von dem Göttinger Firmen- und Wirtschaftshistoriker Wilhelm Treue betreut worden war – durch den Bankhistoriker Dr. Manfred Pohl,[86] schaltete sich die Deutsche Bank verstärkt in die Entwicklung und Gestaltung des Instituts für bankhistorische Forschung ein. Dr. Manfred Pohl, der in der Finanzwissenschaft der Goethe-Universität einen Lehrauftrag für Bankengeschichte erhalten hatte, schlug die Gründung eines Wissenschaftlichen Beirats vor, der in der Besetzung von Prof. Karl-Erich Born (Tübingen), Prof. Wolfram Engels (Frankfurt a. M.) und Dr. Manfred Pohl (Deutsche Bank) 1974 seine Arbeit aufnahm. Dieser wurde in den nachfolgenden Jahren kontinuierlich erweitert.[87]

Seit 2016 firmiert das Institut unter dem Namen „Institut für Bank- und Finanzgeschichte e. V." 2023 löste Prof. Boris Gehlen, Leiter der

---

86 Manfred Pohl hatte gerade in Saarbrücken seine Dissertation bei Ernst Klein beendet. Thema: Die Geschichte der Saarländischen Kreditbank, Saarbrücken 1972.
87 Pohl, Manfred: Neue Perspektiven in der Bankengeschichte, in: TRADITION. Zeitschrift für Firmengeschichte und Unternehmerbiographie. 18. Jahrgang, Jahresheft 1973, S. 37–40, hier S. 37.

Abteilung Unternehmensgeschichte an der Universität Stuttgart, Prof. Bernd Rudolf im Vorsitz des Wissenschaftlichen Beirats nach 16 Jahren ab. Der Wissenschaftliche Beirat hatte von Anfang an die Aufgabe, eine Zeitschrift herauszugeben mit dem Titel „Archiv-Zeitschrift für bankhistorische Forschung" sowie eine Schriftenreihe, in der vor allem bankhistorische Forschungsergebnisse, etwa in Form von Dissertationen, veröffentlicht werden sollten.

3.5 Die Gründung der Gesellschaft für Unternehmensgeschichte (GUG)

3.5.1 Vorgeschichte

Eine neue Ära in der unternehmensgeschichtlichen Forschung wurde mit der Gründung der Gesellschaft für Unternehmensgeschichte am 10. Juni 1976 in Köln eingeleitet. Wie so oft bedurfte es auch hier eines besonderen Anstoßes.

1970 war zum hundertjährigen Bestehen der Deutschen Bank eine Festschrift von Fritz Seidenzahl erschienen, in der vor allem die Zeit des Dritten Reichs nur dürftig behandelt worden war, aber auch andere Epochen nicht mit der kritischen wissenschaftlichen Distanz dargestellt waren.[88] Im gleichen Jahr erschien eine Arbeit des DDR-Historikers Eberhard Czichon unter dem Titel „Der Bankier und die Macht"[89], im Kölner Pahl-Rugenstein Verlag. In diesem Buch gab es zahlreiche Stellen, in denen sich der Aufsichtsratsvorsitzende der Deutschen Bank, Hermann Josef Abs, falsch dargestellt, verunglimpft und diffamiert sah. Abs verklagte den Verlag und Eberhard Czichon vor dem Stuttgarter Landgericht. Nach einem schwierigen und letztlich unergiebigen Prozess kam es zu einem Vergleich. In

---

88   Seidenzahl, Fritz: 100 Jahre Deutsche Bank, Frankfurt am Main 1970.
89   Czichon, Eberhard: Der Bankier und die Macht. Hermann Josef Abs in der deutschen Politik, Köln 1970.

3.5 Die Gründung der Gesellschaft für Unternehmensgeschichte (GUG)

die Endphase des Prozesses war Czichon nicht mehr involviert. „Offensichtlich hat man ihm die Ärgernisse, die bei der Parteiführung durch den öffentlichkeitswirksamen Prozess entstanden waren, nie so ganz verziehen."[90] Czichon verkraftete diesen Prozess zeit seines Lebens nicht.

Abs wollte mit allen Mitteln verhindern, dass das Buch von Czichon in Universitätsbibliotheken oder anderen öffentlich zugänglichen Bibliotheken vorhanden war und ausgeliehen werden konnte. Im Juli 1972 hatte Manfred Pohl direkt nach seiner Promotion über die Saarländische Kreditbank in Saarbrücken[91] die Leitung des Historischen Instituts der Deutschen Bank übernommen. Noch im gleichen Monat wurde er von Hermann Josef Abs mit der Aufbereitung seines persönlichen Archivs und verschiedenen anderer Aufgaben (Redenschreiben, Verfassen von Aufsätzen und Gutachten usw.) betraut. Ein wichtiger Sonderauftrag bestand in der Kontrolle, wo es in öffentlichen Bibliotheken bzw. Universitätsbibliotheken Exemplare von Czichons Buch „Der Bankier und die Macht" gab. Manfred Pohl erkannte schnell, dass dieses Unterfangen nicht nur zu keinem Erfolg führen würde, sondern dem Ansehen von Abs und der Deutschen Bank erheblichen Schaden zufügen könnte. Er hielt die wissenschaftliche Aufarbeitung der Geschichte der Unternehmen und Banken, vor allem deren Verhalten in der Zeit des Nationalsozialismus, für effektiver und nachhaltiger als jedes juristische Vorgehen. Er schlug Abs daher bereits Anfang 1973 die Gründung einer Gesellschaft für Unternehmensgeschichte vor. Seit dieser Zeit gab es zahlreiche Gespräche zwischen Abs, den Juristen der Deutschen Bank und Manfred Pohl über das weitere Vorgehen. Schließlich setzte sich

---

90   Dobrawa, Ralph: Auf Spurensuche: Eberhard Czichon, in: Ossietzky, Zweiwochenzeitschrift für Politik/Kultur/Wirtschaft. Hrsg. von Rainer Butenschön, Daniela Dahn, Rolf Gössner, Ulla Jelpke und Otto Köhler, Ausgabe 19/2020.

91   Pohl, Manfred: Die Geschichte der Saarländischen Kreditbank Aktiengesellschaft. (Veröffentlichung der Kommission für saarländische Landesgeschichte, e. V.), Saarbrücken 1972.

Ende 1973, Anfang 1974 der Vorschlag von Manfred Pohl durch, anstelle von weiteren juristischen Prozessen und unnützen Kontrollen in Bibliotheken eine Gesellschaft für Unternehmensgeschichte zu gründen.

Manfred Pohl war überzeugt, dass die Institutionalisierung der Unternehmensgeschichte vor allem der wissenschaftlichen Anerkennung der unternehmensgeschichtlichen Forschung in den Universitäten helfen würde, wenn dort die interessierten Lehrstuhlinhaber in Geschichte, Betriebswirtschaft sowie Wirtschafts- und Sozialgeschichte involviert würden. Manfred Pohl selbst setzte konsequent auf den Begriff „Unternehmensgeschichte" und sorgte so für die Durchsetzung der Bezeichnung „Unternehmensgeschichte" für eine Disziplin, die bis dahin uneinheitlich als „Firmengeschichte", „Betriebsgeschichte" oder „Werksgeschichte" bezeichnet wurde.[92] Bereits Fritz Redlich hatte sich intensiv mit einer Namensgebung für diesen Bereich auseinandergesetzt: „Mit dem Ausdruck ‚Geschichte des Geschäftslebens' ziele ich auf jene Art von Schriften und von geschichtlicher Forschung, die der amerikanische Ausdruck ‚Business History' deckt, d. h. die Geschichte von Firmen, Unternehmerbiographien und Veröffentlichungen über die Verwaltung von Unternehmungen, geschäftliche Einrichtungen und Hilfsmittel des Geschäftslebens, insoweit diese Gegenstände sowohl historisch als auch im Hinblick auf ihre Wirksamkeit im Aufbau und in der Tätigkeit von Unternehmen untersucht und behandelt werden."[93]

Redlich nahm eine klare Haltung ein: „Ich habe jedoch, wenn auch in geringerem Grade, meine Untersuchungen über die deutschen

---

92   Klarmann, Norbert G.: Die Institutionalisierung der unternehmensgeschichtlichen Forschung durch die Gesellschaft für Unternehmensgeschichte, a. a. O., S. 72.
93   Redlich, Fritz: Anfänge und Entwicklung der Firmengeschichte und Unternehmerbiographie, in: TRADITION. Erstes Beiheft der Zeitschrift für Firmengeschichte und Unternehmerbiographie, Baden-Baden, o. J., S. 7.

3.5 Die Gründung der Gesellschaft für Unternehmensgeschichte (GUG)

Bemühungen breiter angelegt, als es ein ‚business historia' in der älteren, strengeren, jetzt aussterbenden amerikanischen Auslegung des Begriffes ‚business history' getan hätte. Diese jetzt allgemein abgelehnte Auslegung des Begriffes deckt sich mit dem deutschen ‚Firmengeschichte'."[94]

Redlich unterstützt hier klar die Bemühungen des Herausgebers der Zeitschrift TRADITION, Wilhelm Treue, der die Begriffe „Firmengeschichte" und „Unternehmerbiographie" bei allen seinen wissenschaftlichen Forschungen und Publikationen benutzte.

In den Wirtschafts- und Sozialwissenschaften war in den 70er und 80er Jahren des vorigen Jahrhunderts die Diskussion über Abgrenzung sowie Über- oder Unterordnung voll im Gange.[95] Jedenfalls ist der Begriff „Firma" – im Alltagsgebrauch mit „Unternehmen" gleichgesetzt – lediglich die juristische Bezeichnung für den Namen einer Unternehmung oder eines Unternehmens. Somit war er nicht geeignet für die Namensgebung der neuen Gesellschaft. Auch hier sollte ein klares Zeichen gesetzt werden. So setzte sich der Begriff „Unternehmensgeschichte" trotz einiger Versuche, einen anderen Namen zu konstruieren (z. B. Gesellschaft zur Erforschung unternehmensgeschichtlicher Zusammenhänge) im Namen der neu zu gründenden Institution durch: Gesellschaft für Unternehmensgeschichte.[96]

Die Gründungsphase der Gesellschaft für Unternehmensgeschichte dauerte dreieinhalb Jahre, von Anfang 1973 bis Juni 1976. Verhandlungen und Gründungsüberlegungen fanden auf drei Ebenen statt:

---

94   Ebd.
95   Klarmann, Norbert G.: Die Institutionalisierung der unternehmensgeschichtlichen Forschung durch die Gesellschaft für Unternehmensgeschichte, a. a. O., S. 71. Vgl. hierzu Gutenberg, Erich: Grundlagen der Betriebswirtschaftslehre, Band 1, 21. Auflage, Berlin/Heidelberg/New York 1975.
96   Vgl. van Eyll, Klara: Einführung in die Unternehmer- und Unternehmungsgeschichte, in: Archiv und Wirtschaft, Heft 2/3, 1971, S. 53.

- In den Sitzungen zur Rettung der Zeitschrift TRADITION, erste Hälfte 1973
- In der Vereinigung der Werks- und Wirtschaftsarchivare, ab Anfang 1973
- Im Institut der deutschen Wirtschaft in Zusammenarbeit mit der Deutschen Bank, einigen Unternehmern und Wissenschaftlern, ab Ende 1973 bzw. Anfang 1974 bis zur Gründung am 10. Juni 1976

Anfang 1973 sollte die von Wilhelm Treue gegründete Zeitschrift „Tradition. Zeitschrift für Firmengeschichte und Unternehmerbiographie" eingestellt werden, da der bisherige Verlag F. Bruckmann aus finanziellen Gründen die Weiterbetreuung nicht mehr leisten konnte und auch das Institut der deutschen Wirtschaft nach einer Umorganisation seiner verlegerischen Betreuungen die finanzielle Unterstützung nicht mehr tragen wollte.[97] Wilhelm Treue, der seit dem Tod des Autors der hundertjährigen Festschrift der Deutschen Bank, Fritz Seidenzahl, im gleichen Jahr des Erscheinens des Buches, 1970, die Deutsche Bank in Archivangelegenheiten beriet, erzählte dem neuen Leiter des Historischen Instituts der Deutschen Bank, Manfred Pohl, von der Einstellung seiner Zeitschrift TRADITION. Er lud ihn zur letzten Sitzung des Herausgebergremiums, die am 2. Mai 1973 in Köln im Hotel Excelsior stattfinden sollte, ein. In dieser Sitzung, an der neben Wilhelm Treue auch der angesehene Wiener Wirtschaftshistoriker Alois Brusatti sowie Gert H. Schlottmann vom Institut der deutschen Wirtschaft teilnahmen, versprach Manfred Pohl, die Finanzierung des Jahresheftes 1973/74 – es fehlten 20 000 DM – über befreundete Unternehmen der Deutschen Bank aufzubringen. Mit Hilfe des Aufsichtsratsvorsitzenden der Deutschen Bank, Hermann Josef Abs, und des Vorstandssprechers, Franz Heinrich Ulrich, gelang es, die finanzielle Lücke zu schließen. Der Erhalt der TRADITION hatte wesentlichen Einfluss auf die Gestaltung des wissenschaftlichen Programms der Gesellschaft für Unterneh-

---

97 FAZ vom 22.12.1973, 1. Seite Wirtschaft.

3.5 Die Gründung der Gesellschaft für Unternehmensgeschichte (GUG)

mensgeschichte. Sie bildete die Basis und somit eine lange Kontinuität der „neuen" wissenschaftlichen Zeitschrift der Gesellschaft für Unternehmensgeschichte.

Seit Anfang 1973 versuchte Manfred Pohl zusammen mit Dr. Mechthild Wolf, Leiterin des Archivs der Degussa AG, und Manfred Simon, Leiter des Archivs bei der Höchst AG, die wie Manfred Pohl diese Positionen gerade neu besetzt hatten – die „Frankfurter Wilden" – und einigen gleichgesinnten Archivaren[98] bei den Werks- und Wirtschaftsarchivaren e. V., heute Vereinigung der Wirtschaftsarchivarinnen und Wirtschaftsarchivare e. V., einen Wissenschaftlichen Beirat für Unternehmensgeschichte zu installieren. In der Mitgliederversammlung der Werks- und Wirtschaftsarchivare am 9. und 10. Mai 1973 in Mettlach/Saar kam es zu heftigen Diskussionen zwischen den Befürwortern und Gegner. Letztere sahen in dem Versuch, einen Wissenschaftlichen Beirat zu schaffen, die Archiv-Grundidee gefährdet. Es wurde zwar eine Kommission gegründet, die ein endgültiges Konzept erarbeiten sollte, aber diese hatte keine Chance, das Projekt zu verwirklichen, da, wie Klara van Eyll, die Leiterin des Rheinischen Wirtschaftsarchivs in Köln, es formulierte, die Vereinigung der Werks- und Wirtschaftsarchivare eine berufsständische Vertretung sei, deren finanzielle Basis zu schwach sei, um eine solche ambitionierte Gesellschaft zu finanzieren.[99]

---

98 Hier zu nennen sind insbesondere Dr. Klaus Huegel, Daimler Benz AG, Dr. Carl A. Reichling, BASF und Siegfried von Weiher, Siemens AG.

99 Beate Brüninghaus, die zweite Geschäftsführerin der Gesellschaft für Unternehmensgeschichte (GUG) hat 1986 die Geschichte der Gründung der GUG anhand der Originalunterlagen im Institut der deutschen Wirtschaft (IW), hier Gründungsakte 1, und in der Geschäftsstelle der GUG hervorragend aufgearbeitet. Siehe: Brüninghaus, Beate: Gesellschaft für Unternehmensgeschichte – Geschichte ihrer Gründung, in: Zeitschrift für Unternehmensgeschichte (ZUG), hervorgegangen aus TRADITION, Zeitschrift für Firmengeschichte und Unternehmerbiographie im Auftrag der Gesellschaft für Unternehmensgeschichte e. V., herausgegeben von Hans Pohl und Wilhelm Treue, 31. Jg., Heft 1/1986, Sonderdruck, S. 1–4, hier S. 2.

Auch weitere Versuche anderer Organisationen, wie etwa der fachwissenschaftlichen Vereinigung „Gesellschaft für Sozial- und Wirtschaftsgeschichte" zu interessieren, scheiterten bereits im Ansatz.

3.5.2 Die Gründung als unabhängige Gesellschaft

Ende 1973, Anfang 1974 konnte sich Hermann Josef Abs mit der Gründung einer wissenschaftlichen Gesellschaft für Unternehmensgeschichte anfreunden, auch weil er sah, dass alle juristischen Bemühungen wirkungslos geblieben waren. Abs beriet sich mit dem Sprecher des Vorstandes der Deutschen Bank, Franz Heinrich Ulrich, der den Vorschlag von Manfred Pohl ebenfalls begrüßte.

In der Vorstandssitzung am 26. März 1974 trug Ulrich die Gründung einer Gesellschaft für Unternehmensgeschichte seinen Vorstandskollegen vor: „Herr Dr. Pohl, Leiter unseres Historischen Archivs, macht darauf aufmerksam, daß in der Bundesrepublik die Unternehmensgeschichte nicht gefördert wird. Wir wollen Mitglieder unseres Aufsichtsrats und Beraterkreises sowie einige uns befreundete Firmen in neutraler Form darauf ansprechen, ob sie in der Gründung einer Gesellschaft für Unternehmensgeschichte mit uns zusammen interessiert wären. Es soll ein Entwurf für einen entsprechenden Brief ausgearbeitet werden."[100]

Ulrich schlug vor, Peter von Siemens, zu diesem Zeitpunkt Vorsitzender des Aufsichtsrats der Siemens AG und gleichzeitig Präsident des Instituts der deutschen Wirtschaft in Köln, in die Gründungsaktivitäten einzubeziehen. Das Institut der deutschen Wirtschaft könne eine solche Gründung in der Gesamtwirtschaft glaubwürdiger vertreten als die Deutsche Bank allein.

---

100 Auszug aus dem Protokoll über die Vorstandssitzung der Deutschen Bank am 26. März 1974 (Referent: Herr Ulrich), HADB ZA 17/13, Generalsekretariat.

3.5 Die Gründung der Gesellschaft für Unternehmensgeschichte (GUG)

In der Wirtschaftswoche vom 24. Mai 1974 veröffentlichte Manfred Pohl erstmalig seine Ideen zur Unternehmensgeschichte: „Neben den Jubiläumsschriften sollte ein wissenschaftliches Programm aufgestellt werden. Hierbei könnte ähnlich wie in Österreich und den USA vorgegangen und eine ‚Gesellschaft für Unternehmensgeschichte' gegründet werden."[101]

Zur gleichen Zeit schrieben auf Initiative von Manfred Pohl[102] im Mai 1974 Hermann J. Abs, Franz Heinrich Ulrich und das für das Historische Institut der Deutschen Bank zuständige Vorstandsmitglied Dr. Wilfried Guth 13 deutsche Unternehmen an, um das Interesse an der unternehmensgeschichtlichen Forschung festzustellen. In diesem Brief stellten die Autoren fest: „Die Unternehmensgeschichte und die Unternehmensbiographie können Wesentliches zu den gesellschaftspolitischen Auseinandersetzungen innerhalb des Unternehmens und zwischen den konkurrierenden Gruppen im Staat beitragen. Allen Entscheidungen in der Gegenwart und allen Prognosen für die Zukunft liegt zu einem sehr erheblichen Teil die Erfahrung derjenigen zugrunde, die entscheiden oder Prognosen geben."[103] Alle angeschriebenen Unternehmen sprachen sich für die Gründung einer eigenständigen Gesellschaft aus. Gleichzeitig befürworteten die meisten Unternehmen, dem Institut der deutschen Wirtschaft eine Koordinationsfunktion zu übertragen. Es kristallisierte sich während der Vorbereitungsarbeiten zur ersten Sitzung ein Gründungsteam heraus, dem neben Manfred Pohl vor allem Hans-Josef Breidbach, stellvertretender Vorsitzender des Instituts der deutschen Wirtschaft, Gert H. Schlottmann, der sich seit Jahren im Institut der deutschen Wirtschaft mit Fragen des Archivwesens

---

101 Pohl, Manfred: Unternehmensgeschichte in Deutschland, in: Wirtschaftswoche Nr. 22 vom 24.5.1974, S. 68.
102 Ebd. S. 3.
103 Briefentwurf des Vorstandes der Deutschen Bank. HDAB 17/13, Generalsekretariat. Vgl. auch: Auszug aus dem Protokoll über die Vorstandssitzung am 14. Mai 1974 (Referenten: Herr Ulrich und Dr. Guth).

und der Unternehmensgeschichte befasste, der Herausgeber der Zeitschrift TRADITION, Wilhelm Treue und der Wirtschafts- und Sozialhistoriker Hans Pohl, Universität Bonn, angehörten.[104]

Am 27. Mai 1975[105] trafen sich in Köln im Institut der deutschen Wirtschaft 19 Vertreter aus Wirtschaft und Wissenschaft und diskutierten, ob eine unabhängige Gesellschaft für Unternehmensgeschichte gegründet werden oder ob die unternehmensgeschichtlichen Interessen der Wirtschaft in einer bereits bestehenden Institution verankert werden sollte. Vor allem die Professoren Wilhelm Treue und Hans Pohl unterstützten den Vorschlag von Manfred Pohl, eine unabhängige Gesellschaft zu errichten. In dieser Sitzung wurde auch über den Sinn und Zweck unternehmensgeschichtlicher Forschung sowohl für die Unternehmen als auch für die Wissenschaft diskutiert. Es war wohl das erste Mal, dass Wissenschaftler und Unternehmer in dieser Konzentration über Unternehmensgeschichte diskutierten. Das Meinungsspektrum konnte diverser nicht sein: von Unternehmern, die bezweifelten, dass sie bei ihren Entscheidungen unternehmensgeschichtliche Prozesse mitberücksichtigten, bis hin zu Äußerungen, dass jede Entscheidung eine historische Basis habe. Allerdings kam es in dieser Sitzung nicht zu einem endgültigen Beschluss, eine Gesellschaft für Unternehmensgeschichte zu gründen, da vor allem der ehemalige Vorstandsvorsitzende und Aufsichtsratsvorsitzende der Bayer AG, Kurt Hansen, mit seiner Bemerkung, „er habe die Geschichte nie bei seinen Entscheidungen zu Rate gezogen", für erhebliche Unruhe sorgte. Abs, Ulrich und von Siemens hatten sich aber für die Gründung der Gesellschaft für Unternehmensgeschichte entschieden und setzten sich vehement für die Einberufung einer neuen Sitzung im Institut der deutschen Wirtschaft ein.

---

104 Klarmann, Norbert G.: Die Institutionalisierung der unternehmensgeschichtlichen Forschung durch die Gesellschaft für Unternehmensgeschichte, a. a. O., S. 72 (Anm. 2).
105 Klarmann gibt in seinem Beitrag den 25. Mai 1975 an (vgl. ebd.).

3.5 Die Gründung der Gesellschaft für Unternehmensgeschichte (GUG)

Zunächst wurde ein Arbeitsausschuss unter dem Vorsitz von Dr. Karl Friedrich Woeste gebildet, der die Gründung einer Gesellschaft für Unternehmensgeschichte (Satzung, usw.) vorbereiten sollte. Ihm gehörten neben Dr. Woeste die gleichen Personen an, die bereits das Gründungsteam gebildet hatten: Prof. Wilhelm Treue, Prof. Hans Pohl, Hans-Josef Breidbach, Gert H. Schlottmann und Dr. Manfred Pohl an. Hinzu kamen: Dr. Friedrich Schunder, Mannesmann AG und Hans-Heydan von Frankenberg, Siemens AG. Die Interessen der Vereinigung deutscher Wirtschaftsarchivare vertrat Dr. Klaus Huegel, der Leiter des Museums und Unternehmensarchivs der Daimler Benz AG.[106] Die erste Sitzung dieses Arbeitsausschusses fand am 3. Juli 1975 unter Leitung von Dr. Karl Friedrich Woeste statt. Er war vom Vorstandssprecher der Deutschen Bank, Franz Heinrich Ulrich, benannt worden, um die Interessen der Deutschen Bank zu vertreten. Ulrich fühlte sich für eine erfolgreiche Gründung persönlich verantwortlich, da er und seine Vorstandskollegen die Unternehmen „zwecks Gründung einer Gesellschaft für Unternehmensgeschichte" angeschrieben hatten.

Die Basis der ersten Sitzung des Arbeitsausschusses bildete ein Beitrag von Wilhelm Treue, „Wozu Unternehmensgeschichte? Längst notwendig", der im Informationsdienst des Instituts der deutschen Wirtschaft[107] erschienen war. Hier stellte Treue zunächst fest: „Unternehmensgeschichtliche Forschung ist weder an den Hochschulen der Bundesrepublik durch Institute vertreten noch wird ihr in den Unternehmen der deutschen Wirtschaft hinreichend Aufmerksamkeit geschenkt. [...] Der Rückstand der unternehmensgeschichtli-

---

106 Brüninghaus, Beate: Gesellschaft für Unternehmensgeschichte – Geschichte ihrer Gründung, a. a. O., S. 3.
107 Treue, Wilhelm: Wozu Unternehmensgeschichte? Längst notwendig, in: Informationsdienst des Instituts der deutschen Wirtschaft, Jahrgang 2, Nr. 46, S. 7. Norbert G. Klarmann hat diesen Beitrag von Wilhelm Treue ausführlich zitiert und kommentiert. Siehe Klarmann, Norbert G.: Die Institutionalisierung der unternehmensgeschichtlichen Forschung durch die Gesellschaft für Unternehmensgeschichte, a. a. O., S. 72f.

chen Forschung in der Bundesrepublik Deutschland kann nur durch eine systematisch betriebene Forschung aufgeholt werden, die das historische Quellenmaterial der Unternehmen aufbereitet und auswertet."[108]

Im gleichen Beitrag umriss er die Problemkreise, die von der neuen Gesellschaft behandelt werden sollten. Auf dieser Basis diskutierte der Arbeitsausschuss die Aufgabenstellung und Zielsetzung der Gesellschaft für Unternehmensgeschichte:

- Die historischen Fragen der Makroökonomie: Die Rolle der Unternehmen in Politik, Gesellschaft und Wirtschaft, der Einfluss des Zeitgeistes auf die Handlungen der Unternehmen, usw.
- Die historische Mikroökonomie: Veränderungen in der Struktur der Unternehmen, die Rolle der Führungskräfte und Mitarbeiter, Entwicklung des betrieblichen Sozialsystems, Einfluss der Gewerkschaften (Betriebsräte), Motivationswandel für Unternehmensgründungen und Unternehmenszusammenschlüsse, betriebliche Rechnungslegung, Geschichte der Bildungsarbeit in einem Unternehmen usw.
- Förderung und Unterstützung des Archivwesens in den Unternehmen, Beratung der Mitglieder in unternehmensgeschichtlichen Fragen
- Förderung und Unterstützung der wissenschaftlichen Forschungsarbeit
  - an den Universitäten oder wissenschaftlichen Institutionen
  - der eigenen wissenschaftlichen Projekte und Analysen
  - durch Vermittlung von Auftragsarbeiten von wissenschaftlichen Institutionen und Unternehmen, z. B. Unternehmensgeschichten aufarbeiten

---

108 Ebd.

3.5 Die Gründung der Gesellschaft für Unternehmensgeschichte (GUG)

- durch Unterstützung unternehmensgeschichtlicher Themen mittels Lehrmaterial an den Schulen
* Kommunikation der wissenschaftlichen Ergebnisse aus der unternehmensgeschichtlichen Forschung in wissenschaftlichen Zeitschriften und Publikationen, in den Medien
* Pflege von Kontakten zu gleichen oder ähnlichen Instituten im In- und Ausland, Austausch von wissenschaftlichen Ergebnissen und Durchführung gemeinsamer Symposien

Darüber hinaus gab der Arbeitsausschuss die Empfehlung, den Kreis der interessierten Unternehmen auf 20 bis 25 zu erhöhen. Darüber hinaus sollten in der neuen Gesellschaft Einzelmitgliedschaften insbesondere von Wissenschaftlern und an der Unternehmensgeschichte interessierten und „wissenschaftlich ausgewiesene[n] Persönlichkeiten" erlaubt sein. Schließlich sollte Unternehmensgeschichte „in enger Zusammenarbeit mit den Unternehmensarchiven […] als Teil der Sozial- und Wirtschaftsgeschichte und damit der allgemeinen Geschichte"[109] betrieben und begriffen werden.

In der Vorstandssitzung der Deutschen Bank vom 26. November 1975[110] wurde der Generalbevollmächtigte der Deutschen Bank, Dr. Karl Friedrich Woeste, beauftragt, an der Sitzung im Institut der deutschen Wirtschaft in Köln am 9. Dezember 1975 teilzunehmen, um die Haltung der Deutschen Bank nochmals zu verdeutlichen. In dieser Sitzung wurde dann das Arbeitsprogramm diskutiert und genehmigt. Gleichzeitig wurden die zentralen Punkte der Satzung festgelegt. Nun stand der Gründung der Gesellschaft für Unternehmensgeschichte nichts mehr im Wege.

Am 10. Juni 1976 wurde dann in Köln in den Räumen des Instituts der deutschen Wirtschaft die Gesellschaft für Unternehmensge-

---

109 Zitiert nach Brünninghaus, Beate: Gesellschaft für Unternehmensgeschichte – Geschichte ihrer Gründung, a. a. O., S. 4.
110 Auszug aus dem Protokoll über die Vorstandssitzung am 4. November 1975 (Referent: Herr Ulrich). HADB, ZA 17/13, Generalsekretariat.

schichte e. V. (GUG) von 16 Unternehmen gegründet. Die Gründerfirmen waren die Deutsche Bank AG, Daimler-Benz AG, Dellmann AG, August Thyssen-Hütte AG, Christian Adalbert Kupferberg AG, Kamax Holding GmbH & Co. KG, Hamburg-Mannheimer Versicherung AG, Henkel AG, Hoesch AG, Karstadt AG, Klöckner-Humboldt-Deutz AG, Mannesmann AG, Robert Bosch GmbH, Siemens AG und die Taylorix Organisation.

In der Gründungsversammlung wurde die Satzung der Gesellschaft für Unternehmensgeschichte e. V. (GUG) verabschiedet und der Vorstand bestellt. Ihm gehörten an: Prof. Wilhelm Treue, Heinz Schmidt, Prof. Hans Pohl, Dr. Manfred Pohl und Hans-Josef Breidbach. Neben dem Vorstand waren die Mitglieder des Wissenschaftlichen Beirats für das wissenschaftliche Programm der Gesellschaft für Unternehmensgeschichte zuständig. Die Geschäftsstelle der Gesellschaft für Unternehmensgeschichte wurde in der Nähe des Instituts der deutschen Wirtschaft in Köln eingerichtet. Das hatte im Wesentlichen organisatorische Gründe. Das Institut der deutschen Wirtschaft besaß eine umfangreiche unternehmensgeschichtliche Bibliothek und stellte die technische Einrichtung zur Verfügung. 1992 übersiedelte die Gesellschaft für Unternehmensgeschichte nach Frankfurt am Main.

3.6 Die Europainitiativen in der unternehmensgeschichtlichen Forschung

3.6.1 Der europäische Gedanke setzt sich durch

Parallel zur Internationalisierung der Unternehmensgeschichte, die ihren ersten richtungsweisenden Ausdruck in der Auswahl des Autorenteams zur Aufarbeitung der 125-jährigen Geschichte der Deutschen Bank hatte, versuchte Manfred Pohl seit Anfang 1989 die Gesellschaft für Unternehmensgeschichte e. V. und das Institut für bankhistorische Forschung e. V. zu einer europäischen Gesellschaft zusammenzuführen, einer European Association for Business History e. V. mit Sitz in Frankfurt am Main.

Zahlreiche Unternehmen und Banken hatten bereits Anfang der 1960er Jahre begonnen, ihre Institute auf Europa auszurichten. Vorausgegangen war 1957 der Vertrag von Rom (Römischen Verträge), der von Deutschland, den Niederlanden, Belgien, Luxemburg, Frankreich und Italien unterzeichnet wurde. Mit diesem Vertrag entstanden die Europäische Wirtschaftsgemeinschaft (EWG) und die Europäische Atomgemeinschaft (Euratom, EAG). Mit der Zusammenführung der bestehenden Institutionen (EWG, EAG und EGKS (Europäische Gemeinschaft für Kohle und Stahl) entstand eine gemeinsame Kommission, ein gemeinsamer Ministerrat und ein gemeinsames Parlament. 1973 traten das Vereinigte Königreich, Irland und Dänemark dieser Gemeinschaft bei, die nun auch als Europäische Gemeinschaft (EG) bezeichnet wurde. 1981 traten schließlich Griechenland, Spanien und Portugal bei. Am 7. Februar 1992 unterschrieben die zwölf Mitgliedsstaaten in Maastricht den „Vertrag über die Europäische Union" (Maastricht-Vertrag). Am 1. Januar 1993 trat der Europäische Binnenmarkt in Kraft. Dieser ermöglichte den freien Verkehr von Personen, Waren, Dienstleistungen und Kapital. So entstand ein Wirtschaftsraum ohne Binnengrenzen. Am 1. Januar 2002 wurde schließlich der „EURO" als gemeinsame Währung (als Bargeld) eingeführt.

Die Banken wollten hier eine Vorreiterrolle übernehmen und zunächst über Interessengemeinschaften ihre internationale Kapitalkraft stärken. Erklärtes Ziel der beteiligten Banken war, Ende des Jahrhunderts die Interessengemeinschaften durch Fusionen zusammenzuführen, um so jeweils ein starkes internationales Spitzeninstitut zu schaffen.[111] Vor allem die Förderung der europäischen Unternehmen im internationalen Wettbewerb war ein erklärtes Ziel; d. h. konkret, die europäischen Unternehmen international wettbewerbsfähig zu machen.

Die erste große Interessengemeinschaft entstand im Jahr 1963, als die Deutsche Bank AG, die Amsterdam-Rotterdam Bank N. V., die Midland Bank Ltd. in London und die Société Générale de Banque S. A. in Brüssel sich zur EBIC-Gruppe (European Bank's International Company S. A.) in Brüssel, vereinten. In den nachfolgenden Jahren kamen der Creditanstalt-Bankverein, Wien, die Société Générale, Paris, und die Banca Commerciale Italiana, Mailand, hinzu. Die Dresdner Bank, die Bayerische Hypotheken- und Wechsel-Bank, München, die Algemene Bank Nederland, Amsterdam, und die Banque Bruxelles Lambert S. A., Brüssel, fanden sich in der ABECOR (Associated Bank's of Europe Corporation S. A.), Brüssel, im Jahr 1973 zusammen. Hinzu kamen in den nachfolgenden Jahren die Banca Nazionale del Lavoro, Rom, die Banque Nationale de Paris, die Barclays Bank Ltd., London, und als assoziierte Mitglieder die Österreichische Länderbank AG, Wien, sowie die Banque Internationale à Luxembourg. Die Commerzbank beteiligte sich ebenfalls an einer Reihe ausländischer Institute und schloss sich im Jahr 1970/71 mit dem Banco di Roma, Rom, und dem Crédit Lyonnais, Paris, zur Gruppe „Europartners" zusammen. Zu dieser Gruppe stieß 1973 der Banco Hispano Americano, Madrid.

Die Zusammenarbeit auf europäischer Ebene war zu diesem Zeitpunkt sicherlich mehr als nur eine Antwort auf die amerikanische Herausforderung, die im Bankensektor ganz besonders stark ausgeprägt war. Anfang der 70er Jahre prägten die Ölkrise und die Aufhebung des Dollars als Leitwährung (Ende des Bretton-Woods-Sys-

---

111 Pohl, Manfred: Entstehung und Entwicklung des Universalbankensystems. Konzentration und Krise als wichtiger Faktor. (Schriftenreihe des Instituts für bankhistorische Forschung, Bd. 7), Frankfurt am Main 1986, S. 117f.

tems) das internationale Wirtschaftsgeschehen. Die europäischen Banken wollten sich auf ein gemeinsames europäisches Wirtschafts- und Bankensystem vorbereiten, um gemeinsam die zu erwartenden Herausforderungen anzugehen.

Die ersten Schritte und Aktivitäten seit Mitte der 80er Jahre, die Gesellschaft für Unternehmensgeschichte (GUG) und das Institut für bankhistorische Forschung (IbF) zu einer europäischen Gesellschaft zusammenzuführen, waren sehr positiv, zumal seit diesem Zeitpunkt die personellen Fragen bereits weitgehend gelöst schienen. Dr. Wilfried Guth, zu diesem Zeitpunkt Aufsichtsratsvorsitzender der Deutschen Bank, war sowohl bei der Gesellschaft für Unternehmensgeschichte (GUG) als auch im Institut für bankhistorische Forschung e. V. (IBF) Kuratoriumsvorsitzender, Prof. Hans Pohl, Universität Bonn, war in beiden Gesellschaften Vorsitzender der Wissenschaftlichen Beiräte und Prof. Manfred Pohl in beiden Institutionen Geschäftsführendes Vorstandsmitglied. Die Vorstandsvorsitzenden, Dr. Reinhart Freudenberg, Vorsitzender des Gesellschafterausschusses der Freudenberg-Gruppe, und Dr. Alfons Titzrath, Vorstandsvorsitzender der Dresdner Bank, hatten sich ebenfalls positiv geäußert. Unterstützt wurde die europäische Initiative von Prof. Wolfram Engels, Universität Frankfurt am Main, zudem Herausgeber der Wirtschaftswoche. Er genoss in beiden Gesellschaften hohes Ansehen und hatte als erster Vorsitzender des Wissenschaftlichen Beirats des Instituts für bankhistorische Forschung dessen wissenschaftliches Programm wesentlich geprägt.

In der entscheidenden Sitzung, die eigentlich nur noch formellen Charakter haben sollte, zogen Dr. Alfons Titzrath und Prof. Hans Pohl ihre Zusage zurück, so dass der Zusammenschluss nicht zustande kam. Dr. Wilfried Guth und Prof. Manfred Pohl legten in der Folgezeit ihre Ämter im Institut für bankhistorische Forschung nieder und widmeten sich der Gründung einer European Association for Banking History.

3.6.2 Die Gründung der European Association for Banking History (EABH)

Mit der Gründung der EABH am 29. November 1990 von 23 Banken und Institutionen aus 11 europäischen Ländern in Frankfurt am Main wurde ein Institut geschaffen, dessen Aufgaben darin bestand, die Förderung wissenschaftlicher Forschung zur Banken- und Finanzgeschichte international auszubauen und deren Ergebnisse zu dokumentieren.

In der EABH vereinten sich Finanzinstitute, deren Archivare und Wissenschaftler zu einem gemeinsamen Austausch über die zentralen Themen der bankhistorischen Forschung. „Another result is that the dialogue between bank archivists and the academic community was intensified. Our intention is to promote this dialogue within the European Association for Banking History at the level of its Academic Advisory Council for Banking History or any of its other bodies."[112]

Bereits die Gründungsversammlung am 29. November 1990 in Frankfurt am Main in den Räumen der Deutschen Bank, an der Vertreter aus Wissenschaft und Bankarchiven sowie zahlreiche Führungskräfte aus den beteiligten Banken teilnahmen, verdeutlichte das Interesse an der Aufarbeitung der Geschichte der Banken und ihre Einordnung in das internationale Geschehen. Gleichzeitig zeigten die Vorträge und Diskussionen, dass das Zusammenwirken von Wissenschaftlern, Historikern, Archivaren und Bankenvertretern äußerst fruchtbar sein und hervorragende Ergebnisse hervorbringen konnte.

Die Frage „Was nützt die Geschichte?" beantwortete z. B. Prof. Maurice Lévy-Leboyer, Université de Paris, in seiner unnachahmlichen Art. Nach seiner Darlegung hatte sich mit dem Kriegsende (Erster

---

112 European Association for Banking History. Inaugural meeting. 29 November 1990, Frankfurt am Main, S. 11.

Weltkrieg) auch die Geschichte der Banken verändert. Gründe hierfür sah er in er in den Wachstumsjahren, die sich vor allem in den Fortschritten des Bankenwesens, in den Einführungen vieler noch unbekannter Technologien und in der Eingliederung neuer Märkte widerspiegeln. Bis dahin wurde die Bank als eine starke Macht angesehen, die eine schützende Funktion hatte. Durch Konzentrationsbewegungen sowohl bei den Banken als auch in der Industrie verlor die Bank ihre dominierende Stellung. Die Bank stand nach Meinung Lèvy-Leboyer's nicht mehr über der Gesellschaft und spielte nicht mehr den mächtigen, unbesiegbaren Moralisten: „What is more, the history of a bank no longer offers us the heros, adventures and moral lessons that made it so fascinating in the eyes of the public."[113] Der Held war verletzlich geworden. Er hatte Konkurrenz im Bankwesen durch externe Finanzierungsquellen, große Firmen und Regierungsmächte bekommen, die sich schnell ausbreiteten und Banken plötzlich weniger bedeutend erscheinen ließen. Die Unruhe, die Bankenkrisen auslösten, und der aufkommende Zweifel an der Stabilität der Banken führten auch zu Unruhen in der Wirtschaft. Besonders die Inflation und die Wirtschaftskrise der 1930er Jahre verunsicherte sowohl Investoren als auch weite Teile der Bevölkerung. Die Stabilität war nur mithilfe von ausländischen Krediten aus den USA zu bewerkstelligen und infolge der Hyperinflation von 1923 sowie den anhaltenden Reparationszahlungen war Deutschland von einem starken Kapitalmangel geprägt: „And although the image that history has handed down about the role of banks remains positive, because of their contributions to the revolution in transportation, the development of new countries, the establishment of modern companies, and the rebuilding of the economies during the postwar period, all these achievements are partly blurred by the memories of excessiv speculation and the crisis of the thirties which are still imprinted in the minds of people."[114]

---

113 Ebd. S. 13.
114 Ebd. S. 15.

Abschließend verwies Lévy-Leboyer auf die positiven Aspekte der Bankentätigkeit. Man dürfe auch in Krisensituationen die positiven und notwendigen Aspekte der Finanzinstitute nicht vergessen. Man könne die Rolle einer Bank in verschiedenen Phasen des Wirtschaftszyklus nicht als immer gleich ansehen. Hier hätten Faktoren wie zum Beispiel der ökonomische Auf- oder Abschwung, Spekulationen über die finanziellen Situationen des Weltmarktes etc. große Einwirkungen.

Der Aufsichtsratsvorsitzende der Deutschen Bank, Dr. Wilfried Guth, widersprach Lévy-Leboyer hier zu einigen seiner Thesen und führte an, dass es innerhalb der europäischen Länder immer noch eine große Meinungsverschiedenheit im Bereich Finanzen gäbe, insbesondere wenn es sich um das Thema Verschuldung der Dritten Welt handle. Man sei sicher, „that banks could not possibly forego their claims, or part of them, because of their responsibility towards their depositors"[115]. Als weiteren Punkt erörterte er die landesunterschiedlichen Differenzen von Banken und Industrie in Deutschland und England. In Deutschland hätten die Bankvertreter einen Sitz im Aufsichtsrat großer Konzerne. In England sei dies eher umgekehrt. Das sei auch der Grund, warum ein einfacher Vergleich von Banken unterschiedlicher Länder so erschwert sei und es wissenschaftliche Dokumentationen bedürfe, um zu einem authentischen und zuverlässigen Ergebnis zu kommen.

Prof. Manfred Pohl wies darauf hin, dass die Motive für die Gründung einer Gesellschaft für Bankengeschichte nicht allein technische oder organisatorische Gründe hätten. Vielmehr ginge es darum, ob die Banken auch daran interessiert seien, Geschichte zu fördern und bereit wären, ihre Archive zu öffnen, um das vorhandene Material der wissenschaftlichen Forschung zur Verfügung zu stellen. Bereits verschiedene Diskussionen und Meetings im Vorfeld der europäi-

---

115 Ebd. S. 25.

schen Initiative, die Unternehmens- und Bankengeschichte auf eine breitere Basis zu stellen, die in Brüssel, London und Madrid[116] stattgefunden hatten, hatten gezeigt, dass dem Thema Bankengeschichte an Universitäten zu wenig Aufmerksamkeit gewidmet werde. Er sah daher die Banken in der Pflicht, ihre eigene Geschichte konkret und stetig aufzuarbeiten. Er präsentierte hierzu in der Gründungsveranstaltung das anspruchsvolle akademische Programm der EABH:

- **First European Archives Colloquium** am 28. Februar bis 1. März 1991 in der Banques Paribas, Paris
  Hierbei sollte der Fokus auf Themen wie Einrichtung, Verwaltung und Nutzung von Bankenarchiven, aber auch auf die Beziehung zwischen Archiven und der akademischen Welt sowie Archiven und der Öffentlichkeitsarbeit liegen. Ein Austausch zwischen den Bankenarchivaren der verschiedenen Länder über ihre Vorgehensweise und häufig auftretende Probleme bei ihrer Arbeit war dabei von zentraler Bedeutung, um anstehende Probleme in den Archiven zu vermeiden oder zu verbessern.

- **Handbook on the History of European Banks**
  Hierbei handelte es sich um ein Nachschlagewerk, das umfassende Informationen zur Bankengeschichte eines europäischen Landes oder zur Geschichte und dem Archiv einer bestimmten Bank enthielt.

- **Research project: „The financial revolution in Europe 1850–1914. Investigation into the capital sources of the ‚new' banks in Europe"**
  Ein Forschungsprojekt, das von Prof. Philip Coettrell von der University of Leicester vorgeschlagen wurde, um sich mit Kapital- und Gründungsquellen von Banken zu befassen, die sich in der zweiten Hälfte des 19. Jahrhunderts entwickelt hatten.

---

116 Ebd. S. 29.

- **European Yearbook on Banking History**
  Hier handelte es sich um eine jährlich erscheinende Publikation, in der bedeutende Aufsätze zur Bankengeschichte veröffentlicht werden sollten.
- **Data-base** (Datenbank)
  In dieser Data-base sollte der Aufbau einer Datenbank mit Literatur über Bankengeschichte erfolgen. Ziel war es, die Kommunikation zwischen dem einzelnen Bankarchivar und interessierten Institutionen wie Universitäten und Bibliotheken zu verbessern.

3.6.3 Die Gründung der Society for Business History (SEBH)

Die Erfolge der Ende 1990 gegründeten European Association for Banking History und die weltweite Anerkennung der Aufarbeitung der Geschichte der Deutschen Bank zu ihrem 125-jährigen Bestehen 1995, vor allem die Darstellung der Deutschen Bank in der Zeit des Nationalsozialismus und die Gründung der Europäischen Union, führten dazu, dass der Gedanke, für die Aufarbeitung der Geschichte der europäischen Unternehmen eine eigene Gesellschaft zu gründen, 1997 umgesetzt wurde.

Die Society for European Business History (SEBH) wurde am 17. Februar 1997 als gemeinnützige Organisation in Frankfurt am Main ins Leben gerufen. Aufgabenstellung und Zielsetzung bestanden im Aufbau und der Förderung der europäischen Unternehmensgeschichte. Bereits ein Jahr später gab der Wissenschaftliche Beirat das thematisch breit angelegte European Yearbook of Business History heraus: „We promote forums of dialogue through our workshops, conferences, and publications, which pursue European rather than national interests. Our members consists of business professionals, academics and archivists from various institutions and companies."[117]

Die SEBH bot allen Unternehmen in Europa ihre Erfahrung im Organisieren von Unternehmensarchiven und in der Beratung beim Abfassen von Unternehmensgeschichten an. Darüber hinaus sollte das Interesse an europäischer Wirtschaftsgeschichte geweckt werden. Jährliche Vortragsveranstaltungen und deren Veröffentlichung sollte einem breiten Interessentenkreis zugänglich gemacht werden. Die Basis für alle diese Aktivitäten sollten die Unternehmensarchive bilden. Sie waren als „Quellenpool" gedacht und sollten für alle per Online-Datenbanken zugänglich sein. Die Vernetzung von Akademikern, Archivaren und Unternehmern und der Dialog miteinander war ein Hauptziel der SEBH.

Die Konferenzen[118] fanden meistens im Abstand von zwei Jahren statt und waren auf Themen von europäischem Interesse ausgelegt, etwa „The History of Travel & Tourism in Mediterranean Countries" in Palma, Mallorca (2003), „The Power of Media" in Cambridge (2000) oder „Enterprises in the Period of Facism in Europe" in Paris (1998). Hinzu kamen Workshops[119]: „The Management of Political Risk in Dictatorial Environments: European Foreign Investment: 1918–1980" in Paris (2002), „Multinationals and Dictatorship", in Odense (2001), „Business and Economic Regime Change" in Berlin (2000), „Enterprises in the Period of Fascism in Europe" in Frankfurt (1998).

Als erstes bedeutendes unternehmensgeschichtliches Projekt beauftragte das Unternehmen Saint-Gobain, Paris, die SEBH, die Geschich-

---

117 SEBH-Gründungsprospekt 1997, S. 2.
118 Ebd. S. 7.
119 Ebd. S. 8.

te ihrer Niederlassung in Deutschland zu schreiben.[120] Die Vorstellung der Publikation erfolgte im Rahmen eines Symposiums unter dem Thema „History of Saint-Gobain", das 2001 von Prof. Horst Möller vom Institut für Zeitgeschichte in München geleitet wurde.

Das „European Yearbook of Business History", herausgegeben von Prof. Wilfried Feldenkirchen, Universität Erlangen, und Prof. Terry Gourvish, London School of Economics, veröffentlichte Forschungsartikel über private, europäische Unternehmen und Studien zu transnationalen Konzernen. Hierbei lag der Fokus vor allem auf dem 19. und 20. Jahrhundert. Außerdem enthielt es Berichte über den aktuellen Stand, aber auch die Zukunftsaussichten der Unternehmensgeschichte.

Der EAG (European Archive Guide) war als eine internationale Datenbasis, die Informationen über Unternehmen und ihre Archive enthalten sollte, gedacht. Der EAG basierte daher auf Adressen und Portraits von Wirtschafts- und Firmenarchiven in ganz Europa und gewährte Zugang zu Informationen über die Geschichte von Banken- und Unternehmen; er war und ist hervorragend als Einstieg in die Materialbasis der Unternehmensarchive und der jeweiligen Geschichte der Unternehmen geeignet.

Die SEBH konnte in den ersten Jahren nach ihrer Gründung hervorragende wissenschaftliche Ergebnisse erzielen. Ende 2001 gab es erste Diskussionen, alle kulturellen Aktivitäten schrittweise in einem Institut zusammenzufassen, auch die Aktivitäten der bestehenden historischen Gesellschaften. Vor allem Gerassimo Notaras von der National Bank of Greece und Manfred Pohl von der Deutschen Bank initiierten dieses Vorhaben.

---

120 Möller, Horst: Saint-Gobain in Deutschland. Von 1853 bis zur Gegenwart. Geschichte eines europäischen Unternehmens, München 2001.

Im März 2003 wurde zur Verwirklichung dieser Ideen ICCA Institut for Corporate Culture Affairs mit Sitz in Frankfurt am Main gegründet. Kernstück war der World Corporate Ethics' Council (WCEC). Vorsitzender des Kuratoriums und des WCEC wurde Rolf E. Breuer, der Vorstandsvorsitzende der Deutschen Bank. Immerhin gehörten dem WCEC bedeutende Unternehmer und Wissenschaftler an, wie z. B. Samuel Huntington, Theodoros Karatzas, Chairman National Bank of Greece, Baron Daniel Janssen, Chairman Solvay, Carly Fiorina, President and CEO Hewlett Packard, Liz Mohn, Bertelsmann AG, Sir Evelyn de Rothschild, Chairman NM Rothschild & Sons Ltd.

Obwohl ICCA in den nachfolgenden Jahren mit Erfolg arbeitete und einige bedeutende Publikationen zu Corporate Social Responsibility (CSR) herausgab, [121] ließen sich beide Grundideen – Zusammenführung aller kulturellen (auch der historischen) Aktivitäten zunächst in den Mitgliedsinstituten, dann aber auch in allen Unternehmen Ethikräte zu bilden – nicht verwirklichen. Vor allem als die einzelnen Banken und Unternehmen in ihren Häusern einen Ethikrat bilden sollten, zeigte sich, dass zwar ein Interesse an Ethik bestand, aber niemand ethisches Handeln in seinem Unternehmen institutionalisieren wollte. Die Zeit war nicht reif. Lediglich eine Fusion zwischen SEBH und ICCA wurde beschlossen, aber nicht verwirklicht. Beide Gesellschaften wurden daher liquidiert.

3.7 Die Historische Gesellschaft der Deutschen Bank e. V.

Es ist immer noch etwas Besonderes, wenn Unternehmen ein historisches Archiv besitzen und die Archivalien für die Wissenschaft zu-

---

[121] Wisser, Wayne; Dirk, Matten; Manfred, Pohl; Nick, Tolhurst: The A to Z of CORPORATE SOCIAL RESPONSIBILITY, London 2007 und Pohl, Manfred; Tolhurst, Nick (Hrsg.): Responsible Business. How to manage a CSR strategy successfully, London 2010.

gänglich sind. In der Deutschen Bank kam es im Zusammenhang mit den Überlegungen 1989, wie das 125-jährige Jubiläum zu feiern sei, eine eigene wissenschaftliche Gesellschaft zu gründen, um vor allem die Mitarbeiter der Deutschen Bank mit ihrer Geschichte vertraut zu machen. Dabei sollten die Ergebnisse der Forschungsarbeiten den Mitarbeitern und einer interessierten Öffentlichkeit über Vortragsveranstaltungen und Symposien zugutekommen.

Im Juli 1989 bereitete Prof. Manfred Pohl, der Leiter des Historischen Instituts der Deutschen Bank, im Einvernehmen mit dem Leiter des Generalsekretariats, Olaf Wegner, dem Vorstandssprecher der Bank, Alfred Herrhausen, eine Vorstandvorlage einschließlich Satzung vor, um die Gründung der Historischen Gesellschaft auf den Weg zu bringen. Der Vorstand allerdings zeigte zu diesem Zeitpunkt kein Interesse.

Nach der Ermordung Herrhausens im November 1989 übernahm der neue Vorstandssprecher, Hilmar Kopper, die Zuständigkeit für die Geschichte der Deutschen Bank und somit auch für die Entscheidungen im Rahmen des 125-jährigen Jubiläums und aller anderen Aktivitäten. Mitte 1991 genehmigte der Vorstand unter dem Vorsitz von Hilmar Kopper auch die Gründung der Historischen Gesellschaft der Deutschen Bank e. V. in Frankfurt am Main.

Die Historische Gesellschaft der Deutschen Bank war von Anfang an ein großer Erfolg. Innerhalb weniger Monate zählte sie über 800 Mitglieder. Die Vortragsveranstatungen zu spannenden Themen aus der Geschichte der Bank, aber auch zahlreiche Vorträge und Publikationen über ehemalige Vorstandsmitglieder war stets überbucht. Die Mitgliederzahl wuchs kontinuierlich. Heute zählt die Gesellschaft über 1800 Mitglieder.

4 Die theoretischen und methodischen Ansätze in der unternehmensgeschichtlichen Forschung in den USA und in Deutschland nach 1945

4.1 Business History als Geschichtsmarketing

In den USA hat die Unternehmensgeschichte eine besondere Bedeutung als Marketing- und Kommunikationsinstrument. Ende des 19. Jahrhunderts erkannten die amerikanischen Unternehmen, dass sie bei der Besiedlung und Entwicklung ihres Landes eine wichtige und tragende Rolle spielten. Unternehmensgeschichte – Business History – gehört daher im „Forschungsbereich Geschichte zu einem der ältesten Teilbereiche der Zunft"[122].

Im Jahr 1886 befasste sich das Oberste Gericht mit der Stellung von Unternehmen in der Gesellschaft. In diesem berühmten Santa-Clara-Urteil, ursprünglich ein Steuerfall, sicherten die Richter in einer Vorrede zur Urteilsverkündung den „corporations" quasi unaufgefordert den im 14. Zusatzartikel versprochenen Schutzgrundsatz zu.[123] Unternehmen erhielten den Personen-Status, d. h. dass ein Unternehmen „nicht bloß Eigentum ist, sondern dieselben Rechte genießt wie eine lebende Person"[124], wie die Wirtschaftswissenschaftlerin Nancy Colbert betont. Hiermit wurden den amerikanischen Unter-

---

122 Böhnel, Max: US-Historiker schreiben Firmengeschichte. Deutschlandfunk 7. September 2022, https://www.deutschlandfunk.de.
123 Matys, Thomas: „Kämpfe" um die *legal person*. Wie Unternehmen von ihrem Personencharakter profitieren, in: PROKLA – Zeitschrift für kritische Sozialwissenschaften, 170 (11) (März 2013), S. 153–172, hier S. 154.
124 Zitiert in: US-Historiker schreiben Firmengeschichte, a. a. O.

nehmen Menschenrechte aus den Zusatzartikeln („Amendments") der US-amerikanischen Verfassung, wie z. B. Meinungsfreiheit, Gleichheit vor dem Gesetz, Anspruch auf Geschworenen-Jury usw. zugestanden. Für die USA erhielten die „corporations" dadurch eine ungeheure gesellschaftliche Macht, die bis heute existiert und zu zahlreichen Diskussionen führt.

In Deutschland genießen kodifizierte „juristische Personen" Grundrechtsschutz: Art. 19 Abs. 3 des Grundgesetzes lautet: „Die Grundrechte gelten auch für inländische juristische Personen, soweit sie ihrem Wesen nach auf diese anwendbar sind".[125] Ein derartiger klarer Grundrechtsbezug lässt sich in keiner europäischen Verfassung finden, auch nicht in den USA.

Dennoch führte dieses Gesetz in den USA dazu, dass der Mystifizierung von Unternehmen und ihrer Geschichte Tür und Tor geöffnet wurden. Wie in so vielen Situationen gingen die Amerikaner auch hier einen eigenen Weg. Die Leiter der amerikanischen Unternehmen, aber auch die Aktionäre sahen in der Aufarbeitung der Geschichte Ihres Unternehmens ein Werbeinstrument, um Investoren anzuziehen und Produkte zu verkaufen. Sowohl die Leiter der amerikanischen Unternehmen als auch deren Aktionäre hatten erkannt, dass Geschichtsmarketing als Teil der Öffentlichkeitsarbeit gewinnbringend eingesetzt werden könne.

Die Sammlung von Dokumenten zur Geschichte des Unternehmens, die Aufbereitung der Quellen und die Abfassung von Unternehmensgeschichten führten zur Gründung spezifischer Consultingfirmen mit dem Schwerpunkt Geschichte. Die Journalistin Wilma Connors, die in einer New Yorker Consultingfirma mit Schwerpunkt Unternehmensgeschichte arbeitet, drückt diese Situation wie folgt aus: „Eine Voraussetzung ist natürlich, dass ein Maximum an Firmen-

---

125 Zitiert bei Matys, Thomas: „Kämpfe" um die *legal person*, a. a. O., S. 153.

dokumenten vorhanden ist und in der Firmengeschichte keine Löcher entstehen, auf die die Konkurrenz verweisen könnte. Die Vergangenheit einer Firma ist ein einzigartiges Kapital, das bewahrt, in der Öffentlichkeit präsentiert und dadurch zu Geld gemacht werden kann."[126] Business History entwickelte sich in den USA zu einem geschichtswissenschaftlichen Zweig mit einer eigenen Theorie, die in den 1960er und 1970er Jahren mit dem Namen Alfred D. Chandler verbunden ist.

4.2 Die theoretische Basis der unternehmensgeschichtlichen Forschung: Alfred D. Chandler und Fritz Redlich

4.2.1 Alfred D. Chandler, Jr.: Strategy and Structure

Der amerikanische Ökonom Alfred Chandler stellte in seinem Werk „Strategy and Structure" im Jahre 1962 eine Menge neuer Thesen über den Aufbau und die richtige Organisationsstruktur eines Unternehmens auf.[127] Er berief sich hierbei auf Firmen, die als erste eine klare Umstrukturierung in der amerikanischen Wirtschaft durchgeführt hatten: „The first companies to devise this ‚decentraliszed' form, according the prelemenary study, included the E. I. du Pont de Nemours & Co., General Motors Corporation, Standard Oil Company (New Jersey), and Sears, Roebuck and Company. Du Pont and General Motors began to fashion their new structure shirtly after World War I. Jersey Standard ist reorganization in 1925, and Sears started its in 1929."[128]

---

126 Zitiert bei US-Historiker schreiben Firmengeschichte, a. a. O.
127 Der wissenschaftlichen Mitarbeiterin der Pohl & Mitsiadis Unternehmensgweschichte GmbH, Institut für Unternehmensgeschichte und Unternehmenszukunft, Saskia Pohl, ist für die inhaltliche und redaktionelle Unterstützung zu danken.
128 Chandler, Alfred D. Jr.: Strategy and Structure. Chapters in the History of the Industrial Enterprise, 1970, S. 2.

Nach Chandlers These kann ein gutgehendes Industrieunternehmen nur dann langfristig funktionieren, wenn Verwaltung, Administration und Führungskraft nach bestimmten Kriterien aufgebaut sind und ständig funktionieren. Seine wichtigste Definition hierbei war: „Structure follows strategy and that the most complex type of structure is the result of the concantenation of several basic strategies.[129] Nach Chandler soll die Struktur eines Unternehmens seiner Strategie folgen und so aufgebaut sein, dass neue Ziele erreicht und dafür notwendige Prozesse ermöglicht werden können. Strategie ist für ihn "the determination of the basic long-term goals and objectives of an enterprise, and the adoption of courses of action and the allocation of resources necessary for carrying out these goals"[130].

Chandler stellte am Anfang seines Buchs zwei theoretische wichtige Fragen, bevor er auf die Diskussion genauer einging, die erste lautet: „If structure does follow strategy, why should there be delay in developing the new organization needed to meet the administrative demands of the new strategy?"[131] Diese Frage lässt vermuten, dass die durch die neuen Strategien entstandenen Ansprüche und Voraussetzungen an das Unternehmen entweder nicht groß genug waren, um auch wirklich eine Veränderung zu erreichen, oder dass das Problem bei den Führungskräften lag, die mit der Expansion schlichtweg überfordert waren: „Nevertheless, executives could still continue to administer both the old and new activities with the same personnel, using the same channels of communication and authority and the same types of informantion. Such administration, however, must become increasingly inefficient. This proposition should be true for a relatively small firm whose structure consists of informal arrangements between a few executives as well as for a large one whose size and numerous administrative personel require a more

---

129   Ebd. S. 14.
130   Ebd. S. 13.
131   Ebd. S. 14.

4.2 Die theoretische Basis der unternehmensgeschichtlichen Forschung

formal defination of relations between offices and officers."[132] Der Geschäftsleitung oblag die Verantwortung für die Expansion und die „Gesundheit" des Unternehmens. Chandler formulierte diese Voraussetzungen als These, die wesentlich auf der Angst vor einem Machtverlust des Unternehmens beruht: „They may also have resisted administratively desirable changes because they felt structural reorganization threatened their own personal position, their power, or most important of all, their psychological security."[133]

Die zweite Frage lautet: „Why did the new strategy, which called for a change in structure, come in the first place?"[134] Die Beantwortung dieser Frage beruht auf zahlreichen politischen, wirtschaftlichen, aber auch wissenschaftlichen Umständen und Revolutionen. Das Bevölkerungswachstum stieg permanent, viele Leute zogen auf der Suche nach Arbeit vom Land in die Stadt, vor allem in die Vorstädte. „Depressionen und Wohlstand, aber auch die zunehmende Geschwindigkeit des technologischen Wandels haben alle neuen Anforderungen an die Waren oder Dienstleistungen eines Unternehmens geschaffen oder bestehende eingeschränkt."[135]

Wenn Firmen sich vergrößern, so sah er darin nicht nur die Chance, sondern regelrecht die Notwendigkeit, etwas Neues zu schaffen. Die Firma war seiner Meinung nach verpflichtet, die vorhandenen und expandierenden Ressourcen besser einzusetzen als die vorherigen. Nur durch das Hinzufügen von neuen Ressourcen war das Geschäftsfeld zu erweitern. Hierfür musste sich allerdings auch der Geschäftshorizont des firmenverantwortlichen Vorstandes verändern. Die Organisation musste ihre Struktur ändern. „Strategic growth resulted from an awareness of the opportunities and needs – created by changing population, income, and technology – to employ existing

---

132 Ebd. S. 15.
133 Ebd.
134 Ebd. S. 14.
135 Ebd. S. 15.

or expanding resources more profitably. A new strategy required a new or at least refashioned structure if the enlarged entreprise was to be operated efficiently."[136] Würde das Wachstum nicht durch entsprechende Strukturanpassungen ergänzt, so Chandler, würde dies zu Ineffizienz führen.[137] Er belegte seine neuen Thesen an den vier Unternehmen du Pont, General Motors, Standard Oil of New Jersey und Sears.

In den Jahren vor 1850 waren die USA trotz ausreichend Potential noch weit entfernt davon, den Charakter einer großen Industrienation zu erlangen. Die Wirtschaft des Landes war vor allem landwirtschaftlich geprägt, viel für den eigenen Bedarf wurde selbst hergestellt und die bereits bestehenden Betriebe waren kleine Familienunternehmen oder existierten als zwei bis drei Arbeiter- Unternehmen, die einer Einzelperson gehörte.

Nachdem ab 1850 einige sehr große amerikanische Unternehmen wie die John Jacob Astor's American Fur Company[138] entstanden waren, zeigte sich, dass ein Einzelner wichtige Aufgaben nicht mehr allein übernehmen konnte. Innerhalb der Firma wurden Abteilungen gegründet. Das Management erkannte, dass bestimmte zukunftsträchtige Anstrengungen notwendig waren, die vor allem eine Spezialisierung auf einzelne Gebiete erforderten, um das Gesamtpaket nicht zu gefährden. Dieser Prozess war der Anfang der Verwaltung in den Unternehmen der Vereinigten Staaten: „The operation of a railroad or canal called for more administration than its construction. Often the chief engineer who planned the work became the general superintendent. On a canal, where he had no responsibility for operating the carriers or for the movement of passengers and freight, he could easiliy supervise personally the employees who operated the locks, collected the tolls, and handled maintenance

---

136 Ebd.
137 Ebd. S. 16.
138 Ebd. S. 20.

and repair."[139] Es lässt sich hierbei unschwer erkennen, dass allein der Betrieb einer Eisenbahn oder eines Kanals mehr Verwaltung erforderte als der alleinige Bau. Das Konzept ging auf. Es waren schließlich die privaten Eisenbahnunternehmen in den USA, die für die moderne Verwaltung und den neuen Organisationsaufbau der größer werdenden und unübersichtlicheren Firmen sorgten.

Nach dem Ende des Bürgerkrieges kam es in den Jahren von 1870 bis 1900 während der großen Depression zu einem extrem starken Aufschwung der Eisenbahn und insgesamt der amerikanischen Wirtschaft. Zu den ersten amerikanischen Industriellen, die nach der Depression die Strukturen für effiziente Verwaltungen des neu gewonnenen Geschäftsimperiums einführten, gehörten W. Taylor und Harrington Emerson, als Befürworter von „scientific management".[140] Während die industriellen Fabriken in den 1870er Jahren nur herstellten und über Mittelsmänner verkauften, waren die großen amerikanischen Fabriken am Ende des Jahrzehnts bereits soweit organisiert, sowohl an den Einzel- und Großhandel als auch direkt an den Käufer zu verkaufen. Die Innovationen von Gustavus Swift gelten bis heute als wegweisendes Beispiel für einen der größten Aufstiege in der industriellen Revolution der Vereinigten Staaten. Er gründete ein Unternehmen, das Aufträge annahm, um geschlachtetes Fleisch in eiskalten Güterwagen kilometerweit transportieren zu können. Der erste Fleischverpackungsbetrieb wurde von Swift bereits 1885 gegründet. Es folgten weitere Betriebe in Omaha und St. Louis und nach der Depression der 1900er Jahre drei weitere in St. Joseph, St. Paul und Fort Worth. Swift beließ es allerdings nicht bei den Firmen, die das Vieh verpackten und investierte bereits in den 1900er selbst in Vieh und Produkte von Viehhöfen.[141] Die integrierten abteilungsübergreifenden Unternehmen standen in den Anfängen. Man hatte es von nun an mit Unternehmen zu tun, die

---
139 Ebd. S. 21.
140 Ebd. S. 24.
141 Ebd. S. 26.

expandierten und sich durch eine eigene Marketing-Organisation (Swift Duke und Tabakwaren, Glocke und Mehl usw.) integrierten. Um 1900 stieg die Stadtbevölkerung stark an und die amerikanische Industrie vergrößerte sich massiv. Wichtig waren vor allem die neuen Technologien, die auf der Grundlage der neu entstandenen Elektrizitätsmöglichkeiten beruhten. Die „neuen" Industrien hatten mit ihren positiven Resultaten in der Elektrizität und der Chemie völlig neue Möglichkeiten hervorgebracht, die nun auch die alten Industrien veränderten.[142] Man orientierte sich bei der Vergrößerung des Unternehmens an unterschiedlichen Faktoren. Hierzu gehörte vor allem der Kunde an sich, aber auch andere Märkte, etwa in fernen Ländern. Hierbei ergaben sich stets neue Möglichkeiten auf der Suche nach neuen, effektiven Produkten. Die Auswirkung der strukturellen Veränderung und die anfängliche Umstrukturierung in der jeweiligen Branche waren richtungsweisend. Die neue Struktur erforderte die Schaffung sowohl autonomer Abteilungen als auch eines kontrollierenden und verwaltenden Generalbüros.[143]

4.2.2 Fritz Redlich: Die Verantwortung des Unternehmers

Der 1892 in Berlin geborene Fritz Leonhard Redlich emigrierte nach der Machtergreifung der Nationalsozialisten 1933 in die USA, wo er nach mehreren Stationen an verschiedenen Colleges und Universitäten 1947 Associate Professor für Volkswirtschaftslehre an der University of Massachusetts in Fort Devens wurde. 1952 wurde Redlich Senior Associate am Research Center in Entrepreneurial History der Harvard University und Mitherausgeber des Journal of Economic History. Sein Hauptforschungsgebiet war die Unternehmensgeschichte, wobei er in seinen Arbeiten empirisches Datenmaterial mit sozialwissenschaftlicher Theorie zu verbinden suchte. Er hatte großen Ein-

---
142 Ebd. S. 42.
143 Ebd. S. 51.

4.2 Die theoretische Basis der unternehmensgeschichtlichen Forschung

fluss auf die Entwicklung der Anfänge der Unternehmensgeschichte in Deutschland, vor allem durch seine Verbindung zu Wilhelm Treue und dessen Zeitschrift TRADITION.[144]

Fritz Redlich bezieht sich in seinen richtungswesenden Werken zum Charakter und der Persönlichkeit des Unternehmers auf Paul Tillich. Dieser erklärte den kapitalistischen Prozess „als einen Prozeß der schöpferischen Zerstörung"[145]. Diese Einschätzung begründete er damit, dass „das Dämonische nur in Persönlichkeiten Macht erlangt und zur Erfüllung kommt, so daß man mit Recht vom Unternehmer als einer dämonischen Figur sprechen kann. In ihm wohne „jene ‚schöpferisch-destruktive' Kraft, die man auf dem Gebiet der Wirtschaft am Werk sieht"[146].

Der klassische Unternehmer des 19. Jahrhunderts galt nach Redlich als extrem individualistisch und übernahm keine soziale Verantwortung. Dies führe letztendlich dazu, dass er sich durch einen dämonischen Prozess von Zerstörung und Selbstzerstörung gefährdete. Der Unternehmer gerate zunehmend unter den Druck der Zeit, die ständig neuen geforderten kapitalistischen Lebensstandards mit seinem Handeln zu halten. Redlich kritisierte diese Entwicklung vor allem, wenn er über Härte und Tempo des Fortschritts der Erfindungen sprach: „wenn sie in der Form neuer Kapitalausstattung in die Geschäftspraxis eingeführt werden, der Wert des vorherbenutzten Realkapitals vernichtet oder zumindest reduziert. Die frühere Ausstattung veraltet, obwohl sie vom technologischen Standpunkt aus vielleicht noch viele Jahre dienen können."[147] Der schottisch-ame-

---

144 Vgl. vor allem: Redlich Fritz: Der Unternehmer (Wirtschafts- und Sozialgeschichtliche Studien), Göttingen 1964 und ders.: Anfänge und Entwicklung der Firmengeschichte und Unternehmerbiographie. TRADITION. Erstes Beiheft der Zeitschrift für Firmengeschichte und Unternehmerbiographie, Baden-Baden 1959.
145 Ebd. S. 46.
146 Ebd.
147 Ebd. S. 47.

rikanische Unternehmer und Philanthrop Andrew Carnegie hatte zu seiner Zeit hierfür den Begriff „Verschrottungspolitik" eingeführt. Auf diesen Begriff berief sich auch Redlich in seinem Text und fügte hinzu, dass schon Andrew Carnegie diesen Begriff einführte, „als ‚monopolistische' Praktiken noch nicht das Feld beherrschten", er „war Ergebnis und früher Ausdruck unseres heutigen hochdynamischen ‚schöpferisch-destruktiven' Wirtschaftssystems".[148] Hinzu kamen die Orte, wohin es die verschiedenen industriellen Firmen zog. Hier richtete die Großindustrie sich nach den wichtigsten wirtschaftlichen Punkten, wie Rohstoffquellen und Arbeitsmärkte. Auf die Natur, das Ökosystem oder Einheimische wurde hierbei kein Wert gelegt, sodass letztendlich Geisterstädte zurückblieben. Fritz Redlich wählte für diese wirtschaftlich verantwortungslosen Unternehmen bereits den Begriff „Räuberbarone" – alles Männer, die in einem gewissen Zeitraum geboren, mit den gleichen historischen, politischen, religiösen und sozialen Konflikten aufgewachsen und von ihnen geprägt worden waren. Folglich war für ihn klar: „nicht das Jahr ihrer Geburt, sondern die Jahre ihrer Jugend bestimmen den geistigen Rahmen der Menschen."[149] Das Verhältnis der Räuberbarone zur Kirche bestand aus Heuchelei. Sie waren durchaus Kirchenmitglieder, Kirchgänger und sahen sich selbst als Gottesfürchtige, jedoch war ihr Handeln nicht mit den christlichen Werten der Kirche vereinbar. Für ihre Unternehmen übernahmen sie keine soziale Verantwortung, sondern bauten die modernen Großunternehmen auf, indem sie sich aufgrund der Rechtsform die Aktiengesellschaft zu Nutze machten. Der erste, der auf diese hemmungslose Ausbeuterei hinwies, war der amerikanische Nationalökonom Thorstein Veblen. Er machte einen klaren Unterschied zwischen „Geschäft" und „Industrie".[150] Für ihn war Geschäft die Erzielung von Gewinnen, während die Industrie der reine maschinelle Prozess, also das Herstellen von Waren war.

---

148   Ebd.
149   Ebd. S. 48.
150   Ebd. S. 50.

4.2 Die theoretische Basis der unternehmensgeschichtlichen Forschung

Nach Meinung von Redlich halte der Unternehmer zu lange an Denkweisen, Einstellungen und Verhaltensformen fest, mit denen er früher positive Leistungen und Ziele erreicht hatte.[151] Dabei ignoriere er alle Hinweise, auch wenn die positiven Leistungen längst ausgeblieben waren. Das gefährliche dabei sei, dass er an ihnen aber selbst dann noch festhalte, auch wenn sie wirtschaftlich keinen Profit mehr erzielten und letztendlich sogar zur Zerstörung führten. Das unverantwortliche Weiterführen des Unternehmens nach einem früheren Erfolgsprinzip lenke das eigene Unternehmen in den Misserfolg. Denkweisen, Verhaltensweisen und Einstellungen, die für die Unternehmer in einer Zeit nicht nur nachteilig, sondern im Gegenteil sogar nützlich gewesen waren, könnten so in einer anderen Zeit äußerst gefährlich werden.[152] Unverantwortlichkeit schade dem Unternehmen, der Volkswirtschaft und somit dem Staat.

Die unverantwortliche Denkweise der Unternehmer lasse sich im Laissez-faire-Denken und -Handeln, das schon seit dem 18. Jahrhundert bestand, finden. Im 19. Jahrhundert komme diese Stimmung in der Wirtschaft auf zwei unterschiedliche Arten vor. Die einen gingen davon aus, dass, wenn etwas falsch ist, es sich von selbst korrigieren werde, die anderen wiederum gingen davon aus, dass um die Mitte des letzten Jahrhunderts der Glaube an die „unsichtbare Hand" durch einen Glauben in das „Naturgesetz" als Determinante des Wirtschaftslebens ersetzt wurde. Die Auswirkung dieses Wandels auf die Einstellung der Geschäftsleute sei gleich null, denn wenn ein Unternehmer überzeugt ist, „daß er nur ein Werkzeug ist, dessen sich das Gesetz der Natur bedient, so muß er für laissez-faire plädieren und kann logischerweise keine Verantwortung für die Auswirkungen seines Handelns empfinden"[153]. Das Geschäft dürfe nicht dem Selbstzweck des Unternehmers dienen.

---

151 Ebd. S. 51.
152 Ebd. S. 52.
153 Ebd. S. 54.

Ein weiterer Kritikpunkt betraf die Tatsache, dass die Unternehmer trotz des technischen Fortschritts im 19. Jahrhundert weit hinter ihrer Zeit zurücklägen. Es gälte daher, zukünftig die Unternehmen mehr in ihre Verpflichtung zu weisen. „Sie drillen Techniker, statt Wirtschafsführer heranzubilden und die Scheuklappen von den Augen zukünftiger Unternehmer zu reißen, so daß diese in die Lage gesetzt werden, ihre Zeit zu verstehen. Sie tragen so zu jener ‚Idolisierung einer kurzlebigen Technik' bei, die als gefährlich gekennzeichnet wurde."[154] Vertrieben würde diese kurzlebige Technik vor allem durch Propaganda. Der Unternehmer erkenne allerdings nicht, dass „in einer Demokratie wie der amerikanischen Propaganda, die auf Gegenpropaganda stößt, Sinn haben muß. Sie muß so angelegt sein, daß sie den Schwankenden gewinnt und nicht nur gerade jene befriedigt, die ohnehin auf Seiten der Unternehmer stehen. Wer sich einer extremistischen Philosophie verschworen hat, kann unter den gegenwärtigen Verhältnissen nicht davon abgebracht werden"[155]. Der Unternehmer dürfe nicht einfach ungenügend und ahnungslos bei seinen Geschäften handeln, sondern muss immer auf dem neusten Standpunkt der Zeit sein.

Nach Redlichs Meinung gehörte der Arbeitgeber nicht zu den Arbeitnehmern, war somit auch kein Mitglied ihrer Gruppe: „Der Unternehmer ist in Gefahr, eine von innen her gestaltete lose Organisation von außen her zu dirigieren. Diese Organisation kann einen Abwehrapparat und feindselige Gefühle entwickeln, denn der Wirtschaftsführer ist in der Regel Angehöriger einer anderen sozialen Schicht als sein Arbeitnehmer."[156] Er kenne nicht deren Probleme, ist nicht in ihrer Situation und kann sich bei den Arbeitnehmern nicht integrieren.

---

154   Ebd. S. 61.
155   Ebd.
156   Ebd. S. 64.

4.2 Die theoretische Basis der unternehmensgeschichtlichen Forschung

Des Weiteren kritisiert Redlich, dass große Unternehmen auf der Basis von Verordnungen und Verfügungen geleitet würden, wie staatliche Behörden. „Die Vetternwirtschaft in der Aktiengesellschaft entspricht Ämter-Patronage in den Behörden."[157] Nach Redlich's Definition besitzen Unternehmer einen hohen Bekanntheitsgrad und können daher nicht einfach ersetzt werden. Der normale Arbeitnehmer hingegen könne schnell entlassen werden, obwohl gerade ohne sie die Führung eines Unternehmens unmöglich sei. Handeln und Entscheidungen von Arbeitgebern und Angestellten könnten zwar übereinstimmen, aber völlig andere Gründe haben. Der Arbeitgeber begründe sein Handeln mit dem Ziel, sein Unternehmen zu wirtschaftlichem Erfolg zu führen, der Arbeitnehmer habe eher private bzw. finanzielle Interessen, z. B. die Lebenshaltungskosten zu decken.

Der Ökonom Joseph Schumpeter, der ebenfalls mit dem Begriff „schöpferische Zerstörung" gearbeitet hatte, beschrieb die Zerstörung von alten Märkten durch neue Produkte, Geschäftsmodelle und Technologien. Das Problem der Unternehmen in der Zeit des Kapitalismus sei, dass die Neuerung eines Unternehmens zur Routine geworden sei. Fritz Redlich war nicht durchgängig mit Schumpeter einer Meinung. Er erkannte das Dämonische gerade darin, dass umwälzende Neuerungen, „auf die es allein ankommt, heute leichter durchzuführen seien oder dies morgen sein werden"[158]. Der Konsument gehe auf kleinere Neuerungen leichter ein als auf große, bedeutendere.

Der zukünftige Unternehmer werde sich immer gegen Widerstände in seiner Firma wenden und er müsse eher als Diplomat anstatt als Geschäftsmann handeln. Dieser Wandel mache Veränderungen sowohl leichter als auch schwerer, führe jedoch auf keinen Fall zur „dämonischen Selbstzerstörung".

157 Ebd. S. 67.
158 Ebd. S. 70.

„Dämonische Selbstzerstörung" gelte es kontinental zwischen Amerika und Europa zu unterscheiden. Amerika gelte als von der westlichen Kultur abstammend: Nach der Meinung Redlichs „hat der schroff individualistische und sozial unverantwortliche Unternehmer des 19. Jahrhunderts sich durch einen dämonischen Prozeß von Zerstörung und Selbstzerstörung selbst gefährdet, d. h. nicht durch seine Schwäche oder Bosheit, sondern auf Grund seiner schöpferischen Leistungen für unsere materielle Zivilisation"[159].

Redlichs Verdienst für die unternehmensgeschichtliche Forschung besteht darin, dass er das persönliche Element in der wirtschaftlichen Entwicklung in den Mittelpunkt seiner Arbeit gestellt hat. Sein „Sozialansatz", d. h. aus welchen Schichten Unternehmer kommen und welchen Beitrag sie zur Entwicklung der Wirtschaft beigetragen haben, hat die Unternehmensgeschichte gerade in Deutschland erheblich beeinflusst.

Auch seine These über Veränderungen und Revolutionen verdeutlicht nochmals seine theoretische Basis: „Revolutionen können gemacht werden, d. h. es ist verhältnismäßig leicht, Schranken niederzureißen, das Alte zu zerstören und den Boden für Neues freizumachen. Mehr aber ist es erforderlich zu gewährleisten, daß auch etwas Wünschenswertes auf dem abgeholzten Boden wächst, insbesondere etwas, was die Träger der Revolution dort wachsen lassen wollten."[160]

---

159 Ebd. S. 73.
160 Ebd. S. 348.

4.3 Unternehmensgeschichte in Deutschland

4.3.1 Erste Ansätze

In Deutschland besteht ebenfalls eine lange unternehmens- und insbesondere technikgeschichtliche Tradition.[161] Vor allem die Arbeiten von Richard Ehrenberg über das Zeitalter der Fugger (1896), des Begründers der Technikgeschichte, Conrad Matschoß, mit seinem bahnbrechenden zweibändigen Werk „Die Entwicklung der Dampfmaschine, eine Geschichte der ortsfesten Dampfmaschine der Lokomobile, der Schiffsmaschine und Lokomotive" oder Walther Däbritz' (1881 bis 1963) „Fünfzig (50) Jahre Metallgesellschaft 1881 bis 1931" und „Geschichte des Bochumer Verein für Bergbau und Gusstahlfabrikation in Bochum" (1934) sind hier beispielhaft zu nennen. Seit 1906 gab Matschoß die „Beiträge zur Technik und Industrie" heraus. Erstmalig erschien in Deutschland eine Zeitschrift, die sich mit der Geschichte der Technik und Industrie befasste, ein Meilenstein in der unternehmensgeschichtlichen Forschung.

Die nach 1945 in der Bundesrepublik Deutschland wiedereinsetzende unternehmensgeschichtliche Forschung ist ebenso vielseitig wie zwiespältig.[162] Fast alle Bereiche der Wirtschaft wurden nun von Historikern, teilweise auch Betriebswirten und Journalisten untersucht, aber ihre wissenschaftliche Qualität war sehr dürftig. Fest- und Jubiläumsschriften prägten das Bild, eher zum Nachteil der Unternehmen, deren Ruf in der Öffentlichkeit auch durch diese „Glanzdarstellungen" negativ geprägt wurde. Dennoch gab es eine ernsthafte wissenschaftliche Unternehmensgeschichte. Mit ihr sind Namen wie

---

161 Pohl, Hans: Unternehmensgeschichte in der Bundesrepublik Deutschland – Stand der Forschung und Forschungsaufgaben für die Zukunft, in: Pohl, Hans: Wirtschaft, Unternehmen, Kreditwesen, soziale Probleme. Ausgewählte Aufsätze, Teil 1. (VSWG Vierteljahrschrift für Sozial- und Wirtschaftsgeschichte Beiheft Nr. 178, 1, Stuttgart 2005), S. 444–459.
162 Ebd. S. 448.

Hermann Kellenbenz (1913 bis 1990), der in seiner Zeit als Professor in Nürnberg/Erlangen und Wissenschaftlicher Direktor des Fugger-Archivs in Dillingen/Donau den umfangreichen spanischen Quellenbestand aufarbeitete.[163] Gleichzeitig befasste er sich wie auch andere Historiker, so z. B. Percy Ernst Schramm[164], mit der Geschichte der großen Handels- und Reederhäuser in Norddeutschland.

In der DDR gab es eine Abteilung für Betriebsgeschichte beim Institut für Wirtschaftsgeschichte der Akademie der Wissenschaften, die allerdings eine klare ideologische Ausrichtung besaß.

4.3.2 Die Ausgangsbasis

Während in vielen Ländern, wie zum Beispiel in England, die Industrialisierung bereits eingesetzt hatte, orientierte sich Deutschland wirtschaftlich noch in vieler Hinsicht an alten Kriterien. „Competition abroad – cooperation at home"[165] war das Motto der deutschen Industrie im 19. bis weit ins 20. Jahrhundert. Der Aufbau der Industriewirtschaft vor dem Ersten Weltkrieg beruhte auf Einschränkungen. Die Industrie unterlag dem Protektionismus, den durch die Regierungspolitik festgelegten Zöllen und Kartellen, sodass freier Handelswettbewerb zwischen Firmen und Ländern nicht möglich war.

---

163 Hieraus entstand sein Werk: Die Fugger in Spanien und Portugal bis 1560. Ein Großunternehmen des 16. Jahrhunderts. 2 Bände, München 1990.
164 Schramm, Percy Ernst: Neun Generationen. Dreihundert Jahre deutsche „Kulturgeschichte" im Lichte der Schicksale einer Hamburger Bürgerfamilie (1648 bis 1948), 2 Bände, Göttingen 1963 und 1964.
165 Wengenroth, Ulrich: Germany: Competition abroad – cooperation at home, 1870–1900, in: Big business and the wealth of nations. Hg. v. Alfred D. Chandler, Franco Amatori, Takashi Hikino, Cambridge 1997, S. 139–175, hier S. 139.

Das Vorbild für die deutschen Märkte bildete weitgehend der amerikanische Markt.[166] An ihm orientierte sich Deutschland gerne, um wirtschaftlich einen Schritt weiterzukommen und sich gegen Konkurrenten wie Großbritannien abzusichern. Das amerikanische Modell hatte hier schon frühe Erfolge gezeigt: „The backround against which this development took place was the emergence of the American model prevailing over British practice, which had dominated the earlier phases of the industrialization."[167]

Deutsche Unternehmen erlangten Ende des 19. Jahrhunderts auf dem Industriemarkt eine feste Stellung. Sie hatten es geschafft, ein Industriestaat zu werden, genauso stark wie ihre ausländischen Konkurrenten. Das Deutsche Reich begann sich auf Industriegüter zu spezialisieren, während Nahrungsmittel wie Getreide und andere Rohstoffe von nun an zur Importware gehörten, die aus den USA kam.

Exportmärkte garantierten Sicherheit. Das Wachstum der chemischen Industrie verdeutlicht, dass Deutschland vor allem durch seine technisch-naturwissenschaftliche Forschung (Technische Hochschulen) starke Vorteile gegenüber anderen Ländern besaß. Gleichzeitig erreichte Deutschland es, schneller Firmen zu gründen und sich auszubreiten als andere Staaten. Diese Tatsache prägte natürlich auch die Geschichte dieser Unternehmen.

Betrachtet man die Entwicklung verschiedener Unternehmen während der unterschiedlichen Perioden, so stechen bestimmte Faktoren, die für die Gründung eines Unternehmens wichtig sind, immer wieder heraus, vor allem die Marktverhältnisse und die Politik. Ein Beispiel lässt sich am Energieprodukt Kohle verdeutlichen, das im 20. Jahrhundert sowohl für das Eisenbahnwesen als auch die Schwerindustrie benötigt wurde. Die Unternehmen erhielten ein

---
166   Ebd. S. 140.
167   Ebd.

Produkt, das reichlich vorhanden und zu günstigen Preisen zu erhalten war – die Voraussetzung zur Gründung eines erfolgreichen Unternehmens. Die deutsche Unternehmensstruktur hatte ihre Wurzeln in den Marktverhältnissen und den institutionellen Regelungen der Politik.

Zwischen Deutschland, den USA und auch England gab es in dieser Zeit erhebliche wirtschaftliche Unterschiede. Deutschland hatte sich die „neuen" Industrien zu Nutzen gemacht und ein hervorragendes Transport- und Kommunikationsnetz aufgebaut, das mit denjenigen in den USA und England mithalten konnte. „The new manufacturing enterprises continued to cluster in industries in which the technology of production provided the cost advantages of scale and scope, and in these industries, they coordinated the flow of goods through the processes of production and distribution."[168]

Zwischen den Jahren 1870 und 1920 fand in der Wirtschaft ein starker Umbruch statt. Viele bedeutende große Unternehmen waren nicht mehr politisch abhängig. Sie hatten selbst politischen Einfluss gewonnen und konnten sich nun in allen Wirtschaftszweigen verwirklichen. Hinzu kam, dass es durch den technischen Fortschritt möglich war, „Dienstleistungen in großen Mengen an große, geografisch verteilte Märkte zu liefern"[169].

Wirtschafts-, Technik-, Unternehmens- und Sozialgeschichte haben daher in Deutschland einen anderen Ausgangspunkt und einen doch

---

[168] Chandler, Alfred D. Jr.: Scale and Scope. The Dynamics of Industrial Capitalism, Harvard 1990, S. 397.
[169] Chandler, Alfred D. Jr.: Daems, Herman (Hrsg.): Managerial Hierarchies. Comparative Perspectives on the Rise of the Modern Industrial Enterprise. (Harvard Studies in Business History), 1983, S. 2.

4.3 Unternehmensgeschichte in Deutschland

sehr langen und anerkannten Stellenwert.[170] Die Unternehmen waren an einer wissenschaftlichen Aufarbeitung ihrer Geschichte nicht interessiert, sondern wollten sie allenfalls als Werbemittel benutzen. Als Fritz Redlich vor dem Ersten Weltkrieg in Berlin Nationalökonomie studierte, „wusste kein Vertreter dieses Faches, ausgenommen Richard Ehrenberg, wie vor oder zu seiner eigenen Zeit Unternehmungen zustande kamen, was in ihnen vor sich ging und wie sie von ihren Unternehmern geleitet und verwaltet wurden"[171]. Wilhelm Treue in Göttingen und Alois Brusatti in Wien versuchten seit der zweiten Hälfte des 20. Jahrhunderts „Firmengeschichte und Unternehmerbiograpie" in den Unternehmen und in den Universitäten „hoffähig" zu machen – mit nur mäßigem Erfolg. Die Universitäten – hier vor allem die Lehrstühle für Sozial- und Wirtschaftsgeschichte und für Betriebswirtschaft – sahen die „reine Lehre" gefährdet. Die Unternehmen selbst waren eher an „Festschriften"[172] und weniger an Forschungsanalysen interessiert. „Diese Tatsache, so bedauerlich sie sein mag, besteht zweifellos, obwohl manche Einzelprodukte oder Dienstleistungen solcher Firmen in aller Welt den besten Ruf geniessen."[173] Die unternehmensgeschichtliche Forschung blieb daher über Jahrzehnte hinter den Forschungen in den USA und England zurück.

---

170 Treue, Wilhelm: Die Bedeutung der Firmengeschichte für das Selbstverständnis und das Ansehen der Unternehmen, in: Firmengeschichte, Unternehmerbiographie, Historische Betriebsanalyse Veröffentlichung des Vereins der wissenschaftlichen Forschung auf dem Gebiete der Unternehmerbiographie und Firmengeschichte, Wien Oktober 1971, S. 16–18.
171 Redlich, Fritz: Geschichte des Geschäftslebens: Probleme und Aufgaben, ebd. S. 12–15.
172 Ebd. S. 12.
173 Brusatti, Alois: Firmengeschichte fördert den Firmenruf, ebd. S. 7–11.

4.3.3 Die Unternehmensgeschichte als wissenschaftliche Disziplin

In den 80er Jahren des letzten Jahrhunderts – sicherlich ausgelöst durch die Gründung und die Forschungsergebnisse der Gesellschaft für Unternehmensgeschichte (GUG) und des Instituts für bankhistorische Forschung – begann die unternehmensgeschichtliche Forschung an vielen deutschen Universitäten zu einer anerkannten wissenschaftlichen Disziplin aufzusteigen. In dieser ersten Phase dominierten wissenschaftliche Symposien. Ein wesentliches Ziel dieser Veranstaltungen bestand in der Zusammenführung von Wissenschaft und Unternehmen. Vor allem die Mitglieder der Wissenschaftlichen Beiräte mit den Forschungsthemen an ihren Lehrstühlen und die Mitgliedsunternehmen der neu gegründeten Institutionen beförderten diesen Prozess, zumal die Wissenschaftler bei ihren Forschungsvorhaben auf die Archive in den Unternehmen angewiesen waren. Denn Tatsache ist, dass Unternehmensgeschichte nur dann solide wissenschaftlich betrieben werden kann, wenn das Quellenmaterial der Unternehmen, das in den meisten Fällen die Hauptquelle darstellt, zur Verfügung steht. An den Podiumsdiskussionen nahmen Vertreter der Lehrstühle für Sozial- und Wirtschaftsgeschichte, Volks- und Betriebswirte, Soziologen und Unternehmer teil. Dabei wurde von Anfang an darauf geachtet, dass die ausgewählten Themen sowohl historisch als auch aktuell relevant waren. Der Bezug zur Gegenwart sollte die Unternehmer animieren, sich mit der Geschichte in ihrem Unternehmen oder z. B. der historischen Bedeutung des Unternehmens für die kommunale und regionale Entwicklung usw. auseinanderzusetzen.

Ausgewählte Themen der GUG

Seit ihrer Gründung führte die Gesellschaft für Unternehmensgeschichte jährlich eine öffentliche Vortragsveranstaltung und ein wissenschaftliches Symposium durch. Die Referate und die Diskussionen werden als Beihefte zur Zeitschrift für Unternehmensgeschichte gedruckt. Darüber hinaus veröffentlichte die GUG von Anfang an in ihren Beiheften mehrere Arbeiten, deren Manuskripte der Gesellschaft angeboten worden waren, z. B. Dissertationen, deren Druck die GUG zum Teil erst durch die Finanzierung aus eigenen Mitteln ermöglichte.[174]

Auch das Institut für bankhistorische Forschung (seit 2016 Institut für Bank- und Finanzgeschichte e. V.) hatte seit 1974 einen erheblichen Anteil an der wissenschaftlichen Etablierung der bankhistorischen Forschung an den Universitäten und in den Banken. Mit wissenschaftlichen Veranstaltungen (Symposien), einem fachlichen Gedankenaustausch zwischen Wissenschaft und Praxis (Wissenschaftliche Kolloquien), Vortragsveranstaltungen zu spezifischen Themen oder Workshops bietet das IBF ein breites Spektrum zu Themen der Bankengeschichte an.

Mit der Gründung der European Association for Banking and Financial History e. V. 1990 und der Society for European Business History 1997 begann die Internationalisierung und gleichzeitig die Interdisziplinarität der Unternehmensgeschichte. Diesen Weg wollten weder die Gesellschaft für Unternehmensgeschichte e. V. (GUG) noch das Institut für bankhistorische Forschung e. V. mitgehen. Eine erste Folge dieser Spaltung war, dass die Auswahl der Autoren der 125-jährigen Geschichte der Deutschen Bank (erschienen 1995) bereits nach den internationalen und interdisziplinären Kriterien stattfand.

---

174 Pohl, Hans: Ein Jahrzehnt Gesellschaft für Unternehmensgeschichte, in: Zeitschrift für Unternehmensgeschichte 31. Jahrgang, Heft 1/1986, Sonderdruck, Wiesbaden/Stuttgart 1986, S. 5–31.

4.3.4 Internationalisierung und Interdisziplinarität

Die Weiterentwicklung der Unternehmensgeschichte begann also Ende der 1980er und Anfang der 1990er Jahre mit den ersten Überlegungen zur inhaltlichen Gestaltung der 125-jährigen Geschichte der Deutschen Bank. Ende 1988 trug Manfred Pohl dem Vorstandssprecher der Deutschen Bank, Alfred Herrhausen, sein Konzept vor. Die wesentlichen Merkmale betrafen die Internationalisierung und Interdisziplinarität. Beide Kriterien drückten sich in der Auswahl des fünfköpfigen Autorenteams aus.

Die wichtigste inhaltliche Entscheidung, die in den nachfolgenden Jahren einen Meilenstein in der unternehmensgeschichtlichen Forschung darstellte, betraf jedoch die lückenlose wissenschaftliche Aufarbeitung der Zeit des Nationalsozialismus, bis zu diesem Zeitpunkt ein Tabuthema in der Aufarbeitung der Geschichte eines Unternehmens. Entweder wurde dieser Zeitraum in den Jubiläumsschriften einfach weggelassen, mit einigen nichtssagenden Worten beschrieben oder die Handlungen der Unternehmen wurden heruntergespielt bzw. beschönigt. Nur wenige Unternehmen, so z. B. Daimler-Benz (1986) hatten ihre NS-Vergangenheit wissenschaftlich aufarbeiten lassen. Die Aufarbeitung der Geschichte der Deutschen Bank in der Zeit des Nationalsozialismus durch den anerkannten Princeton Historiker Harold James brachte den entscheidenden Durchbruch. Manfred Pohl startete mehrere Initiativen innerhalb der GUG und der EABH mit den Autoren der Deutschen Bank, um andere Unternehmen zu überzeugen, dass die wissenschaftliche und lückenlose Aufarbeitung der Geschichte des Nationalsozialismus nicht nur die Glaubwürdigkeit des Unternehmens unterstreicht, sondern gleichzeitig einen wesentlichen Beitrag zum Verstehen der Handlungen aller Beteiligten darstellt. Heinz Dürr, mit dem er als Vorstandsvorsitzender der AEG Ende der 1980er Jahre die Gründungsgeschichte der AEG auf der Basis von Dokumenten ihres Gründers Emil Rathenau aufgearbeitet hatte und der seit 1990 Präsident der Deutschen Bundesbahn und gleichzeitig Generaldirektor der Deutschen Reichsbahn war, bat kurz nach Erscheinen der Geschichte der Deutschen Bank Manfred Pohl, eine gleichstrukturierte Forschungsarbeit zu erstellen. Manfred Pohl gelang es, Lothar Gall als Mitherausgeber zu gewinnen und mit ihm ein renommiertes Historikerteam (u. a. Eberhard Kolb, Klaus Hildebrand, Peter Schwarz) aufzustellen. Zahlreiche andere Unternehmen folgten diesem Beispiel (Dresdner Bank, Philipp Holzmann, Allianz, Hochtief, Südzucker etc.). Es entstand ein erster Boom von Arbeiten zur Geschichte der Unternehmen im Dritten Reich. Im Mittelpunkt vieler dieser Geschichten stand der Umgang der Unternehmen vor allem mit jüdischen Zwangsarbeitern. Wegweisend war hier auch die Arbeit von Hans Mommsen und Manfred Grieger über das Volkswagenwerk im Dritten Reich.[175]

Ende der 1990er Jahre begannen die Verhandlungen mit der Jewish Claims Conference in New York zu Entschädigungen seitens der Bundesrepublik Deutschland und der deutschen Unternehmer. Am 12. August 2000 wurde nach schwierigen und langwierigen Verhandlungen die Stiftung „Erinnerung, Verantwortung und Zukunft" gegründet. Deutschland erklärte sich bereit, 10 Milliarden DM (5 Milliarden von der Bundesrepublik und 5 Milliarden von der Wirtschaft) in einen Entschädigungsfonds für Sklaven- und Zwangsarbeiter (Zwangsarbeiter-Entschädigungsfonds) einzuzahlen. Befürchtungen, dass die Unternehmen dieses brisante Thema jetzt für erledigt betrachteten, traten nicht ein. Im Gegenteil: Die Unternehmensgeschichte erlebte einen weiteren Boom. Zahlreiche betroffene Unternehmen öffneten ihre Archive und ließen Studien zu diesem Thema erstellen. Obwohl es auch weiterhin Kritik an den „Auftragsarbeiten" von Historikern gab, wurde rasch klar, dass ohne die finanzielle Unterstützung dieser Arbeiten durch die Unternehmen weder die Sichtung und Aufarbeitung des Materials

---

175 Mommsen, Hans; Grieger, Manfred: Das Volkswagenwerk und seine Arbeiter im Dritten Reich, Düsseldorf 1996.

noch die Abfassung möglich sein würde. Hinzu kam, dass so mancher Forschungsauftrag mit dem Aufbau eines Archivs und der Katalogisierung des Quellenmaterials verbunden war. Die Geschichte der Deutschen Bank und anderer Unternehmen in dieser Zeit, vor allem die Rolle der Unternehmen im Nationalsozialismus, wäre ohne die Archivunterlagen in Potsdam, die erst nach der Wiedervereinigung 1990 wieder zugänglich waren, nicht möglich gewesen.

4.3.5 Theoretische und methodische Diskussionen

In seinem richtungsweisenden Vortrag anlässlich einer gemeinsamen Veranstaltung der Vereinigung deutscher Wirtschaftsarchivare e. V. und der Gesellschaft für Unternehmensgeschichte e. V. am 17. Mai 1977 in München zum Thema „Wirtschaftliche Krisen als Gegenstand der Unternehmensgeschichte"[176] zog Knut Borchardt, Professor für Wirtschaftsgeschichte und Volkswirtschaftslehre an der Universität München, grundlegende Schlüsse, „die für die Entwicklung der Unternehmensgeschichte wichtig sein könnten"[177].

Er beginnt mit einem Vergleich der politischen Geschichte, die sich auf Kriege und Niederlagen, nicht aber auf Soziales und Ökonomisches konzentriert. Unternehmensgeschichte hingegen befasse sich mit Sozialem, Ökonomischem und auch Technischem. Nur selten handle sie von Kriegen zwischen Unternehmen und nur ausnahmsweise von Niederlagen. Trotz dieser Überspitzung gibt Borchardt zu verstehen, dass dies eine erste Basis für die Bedeutung von unternehmensgeschichtlicher Forschung sein könnte. Seiner Meinung nach bedarf jede „Makro-Wirtschaftsgeschichte" gleichzeitig einzelwirtschaftlichen Materials. Das aber finde man ausschließlich in

---

176 Borchardt, Knut: Wirtschaftliche Krisen als Gegenstand der Unternehmensgeschichte, in: Zeitschrift für Unternehmensgeschichte, 22. Jahrgang, Heft 2, Wiesbaden 1977, S. 81–90.
177 Ebd.

4.3 Unternehmensgeschichte in Deutschland

den Archiven der Unternehmen. Ferner geht er davon aus, dass nach dem Zweiten Weltkrieg in der Wirtschaftsgeschichte das Hauptthema die Probleme des Wachstums betrafen. So stünde auch in der Unternehmensgeschichte in den Jahren 1945 bis 1970 das Wachstum, die langfristige Entwicklung der Unternehmen, im Vordergrund.[178] Zwar waren in der Zwischenkriegszeit Monographien zu Konjunktur und Krise zahlreicher und die Forschungsergebnisse durchaus auf hohem Niveau. Doch er bemängelt, dass die meisten Unternehmensgeschichten hinsichtlich der Weltwirtschaftskrise weitgehend entindividualisiert sind. „Zum Beispiel erfährt man, daß es in einem Unternehmen eine Sanierung gegeben habe, aber als Anlaß wird kaum mehr als die Tatsache der tiefen allgemeinen Krise genannt."[179] Borchardt weist mehrfach nach, welche Bedeutung die unternehmensgeschichtliche Forschung gerade für die Wirtschafts- und Sozialgeschichte, aber auch für die Betriebswirtschaft, Volkswirtschaftslehre und die Soziologie hat.

Ende der 1990er Jahre und im ersten Jahrzehnt des 21. Jahrhunderts zeigte sich deutlich, dass die Unternehmensgeschichte aus ihrem Nischendasein herausgetreten war und in der Wissenschaft, den Unternehmen zumindest wahrgenommen wurde. Gleichzeitig sind seit Anfang der 1990er Jahre zahlreiche internationale Aktivitäten festzustellen, die sich in der Gründung spezieller Vereinigungen und Zeitschriften[180] dokumentierten: Accounting, Business & Financial History (1991), Journal of Industrial History (1998). Die Marketinghistoriker organisierten seit 1983 regelmäßige Treffen, 1997 schlossen sie sich zur Conference on Historical Analysis & Research in Marketing (CHARM) zusammen. Die 1994 gegründete European Business History Association (EBHA) ist der mitgliederstärkste europäische Forschungsverbund.

---

178 Ebd. S. 83.
179 Ebd. S. 85.
180 Berghoff, Hartmut: Moderne Unternehmensgeschichte, a. a. O., S. 378.

Darüber hinaus gab es zahlreiche theoretische und methodische Ansätze, die ihren Ursprung in der Diskussion hatten, welchem Fachbereich die Unternehmensgeschichte in der Wissenschaft zuzuordnen sei.

Der Gründer des Instituts für bankhistorische Forschung, Erich Achterberg, äußerte sich ausführlich in einem Brief vom 17. Juli 1973[181] an Dr. Manfred Pohl zu dessen Ausführungen über „Neue Perspektiven in der Bankengeschichte"[182]. Zunächst beklagt er sich über die Jubiläumsschriften der Banken, die nur beschönigen und kein Interesse an einer wissenschaftlichen Darstellung haben. „Es gibt zu viele schwarze Punkte, welche die Banken nicht gerne aus ihrer Vergangenheit wieder hervorziehen möchten."[183] Anschließend befasst er sich mit der Bankengeschichte als wissenschaftliche Disziplin: „Ich würde gar nicht so sehr betonen, daß Bankgeschichte eine Wissenschaft sei und nichts anderes. Nach meiner Ansicht ist sie auch eine Wissenschaft, aber sie geht über die Wissenschaft hinaus und ist ein Faktum, welches für das Zusammenleben der Menschen von wesentlicher Tragweite ist. In dieser Hinsicht gehört die Bankgeschichte nicht nur in die allgemeine Geschichtswissenschaft, sondern auch in die philosophische Wissenschaft."[184] Die Diskussion, welcher wissenschaftlichen Disziplin die Unternehmensgeschichte zuzurechnen ist und was Unternehmensgeschichte darf oder nicht darf, bestimmt bis heute den unternehmensgeschichtlichen Diskurs in Deutschland.

Vor allem der Kölner Wirtschaftshistoriker Toni Pierenkemper stellte konkret diese Fragen. Er betonte die Zugehörigkeit zur Wirtschaftsgeschichte und stellte die ökonomischen Grundsätze in den Mittel-

---

181 Brief vom 17. Juli 1973 von Erich Achterberg an Dr. Manfred Pohl, HADB, ZA 17/13.
182 Pohl, Manfred: Neue Perspektiven in der Bankengeschichte, in: TRADITION, Zeitschrift für Firmengeschichte und Unternehmerbiographie, 18. Jahrgang, Jahresheft 1973, S. 37–40.
183 Brief vom 17. Juli 1973 von Erich Achterberg, a. a. O.
184 Ebd.

punkt. Er lehnte die Bestrebungen von Manfred Pohl ab, der bei der Aufstellung des Autorenteams der 125-jährigen Geschichte der Deutschen Bank die Internationalisierung und die Interdisziplinarität in den Vordergrund gestellt hatte.[185] In sechs Thesen begründete er seine Auffassung von Unternehmensgeschichte. In These 1 warnt er vor dem vor allem von Manfred Pohl ausgelösten „Boom von Unternehmensgeschichten", der insbesondere durch die Aufarbeitung der Zeit des Nationalsozialismus ausgelöst worden war. Bei Beendigung dieses Booms komme es erfahrungsgemäß zu einer Krise und einer Stagnation.[186] In These 2 bezweifelt er den von Manfred Pohl hervorgehobenen Fortschritt in der unternehmensgeschichtlichen Forschung: „Meines Erachtens beruht die Einschätzung von Manfred Pohl, daß hier erhebliche Fortschritte erzielt worden seien, auf einem gravierenden Mißverständnis, nämlich dem, daß die erfolgreiche Erweiterung des Gegenstandsbereichs der Unternehmensgeschichte in Richtung auf Sachverhalte, die bislang häufig dem Allgemeinhistoriker vorbehalten waren, zugleich auch als ein wesentlicher Fortschritt in der Methode gewertet wird. Damit werden m. E. theoretische Reflexionen über den angemessenen Zugang zum Handeln von Unternehmen und zur Analyse ihrer Entwicklung keinesfalls obsolet: Die ‚historische Methode' ist nicht zwangsläufig auch die des Unternehmenshistorikers."[187] In These 3 sieht er eine Erweiterung der Unternehmensgeschichte vor allem zu Allgemeingeschichte, „allerdings eher zu früh und zu umfassend"[188]. Pierenkemper möchte zunächst die innere Struktur und die betriebswirtschaftliche Eigenheit eines Unternehmens untersuchen, bevor er zu allgemeinen historischen Fragen kommt. In These 4 und 5 beschreibt er, dass Unternehmensgeschichte zu wichtig sei, um de-

---

185 Pierenkemper, Toni: Sechs Thesen zum gegenwärtigen Stand der deutschen Unternehmensgeschichtsschreibung. Eine Entgegnung auf Manfred Pohl, in: Zeitschrift für Unternehmensgeschichte, Nr. 2/2000, 45. Jg., S. 158–164.
186 Ebd. S. 159.
187 Ebd. S. 162.
188 Ebd. S. 162f.

ren Erforschung und Beschreibung den Journalisten zu überlassen. Gleichzeitig bezweifelt er, dass der Rummel in den Medien um dieses Thema für die unternehmensgeschichtliche Forschung von langfristigem Nutzen sei. In These 6 bemängelt er die Institutionalisierung der Unternehmensgeschichte in der Gesellschaft für Unternehmensgeschichte e. V. (GUG). Diese stehe zu nahe an den Unternehmen und lasse so eine unabhängige Forschung nicht zu. „Einer Zentralisierung und Monopolisierung der Unternehmensgeschichte sollte entgegengewirkt werden. Es wäre nützlich und wichtig, das Fach institutionell an den Universitäten zu verankern"[189].

Peter Borscheid von der Philipps-Universität Marburg unterstützte die Thesen von Toni Pierenkemper und führte an, dass die seit 1999 geführte Diskussion um Form und Inhalt der Unternehmensgeschichte bereits wesentlich zur Klärung beigetragen habe: „An dem gesamten Klärungsprozess verwundert, dass die an sich selbstverständliche Forderung von Toni Pierenkemper, sich in der Unternehmensgeschichte zunächst einmal und vor allem auf den ökonomischen Kern des Untersuchungsobjekts zu konzentrieren, überhaupt auf Widerspruch stößt.[190] Borscheid beruft sich auch auf Werner Plumpe, der bereits Mitte der 1990er Jahre kurz nach dem Erscheinen der Geschichte der Deutschen Bank gefordert hatte, „die Analyse und Interpretation von Handlungs- und Entscheidungsprozessen in komplex organisierten Unternehmen bei variierenden technischen und ökonomischen Umweltbedingungen"[191] in den Vordergrund zu stellen. 22 Jahre später wiederholt Plumpe seine Einschätzung von Unternehmen und Unternehmern.[192]

---

189   Ebd. S. 165f.
190   Borscheid, Peter: Der ökonomische Kern der Unternehmensgeschichte, in: Zeitschrift für Unternehmensgeschichte. Nr. 1/2001, 46. Jahrgang, S. 5–10.
191   Plumpe, Werner: Unternehmen, in: Ambrosius, Gerold; Petzina, Dietmar; Plumpe, Werner (Hrsg.): Moderne Wirtschaftsgeschichte, München 1996, S. 55 (hier zitiert bei Peter Borscheid, ebd. S. 5).
192   Plumpe, Werner: Unternehmensgeschichte im 19. und 20. Jahrhundert. (Enzyklopädie deutscher Geschichte, Band 94), Berlin/Boston 2018.

4.3 Unternehmensgeschichte in Deutschland

Andere, wie z. B. der Göttinger Wirtschafts- und Sozialhistoriker Hartmut Berghoff, sieht einen Königsweg in der kombinierten Anwendung des methodischen Rüstzeugs diverser Disziplinen und Fallstudien. Der zentrale Punkt liegt für ihn in der Anschlussfähigkeit der Unternehmensgeschichte an andere Forschungsdisziplinen, wie er an zahlreichen Beispielen zeigt.[193]

---

193 Berghoff, Hartmut: Moderne Unternehmensgeschichte, a. a. O., S. 6–26 und S. 69–81, vgl. auch Schneider, Andrea: Die deutsche Unternehmensgeschichte und die Entwicklung ihrer Institutionen, in: Feldenkirchen, Wilfried; Hilger, Susanne; Rennert, Kornelia (Hrsg.): Geschichte – Unternehmen – Archive, 1. Auflage, Essen 2008, S. 149–167, hier S. 157.

5 Fazit

Die Unternehmensgeschichte hat einen langen Weg zurückgelegt. Diese Entwicklung wurde in diesem Band von den Autoren ausführlich skizziert. Dennoch gab es in den letzten zwei Jahrzehnten – wie in der Einleitung beleuchtet – nach der Institutionalisierung und Internationalisierung keine bedeutende Fortentwicklung der Unternehmensgeschichte, weder in der wissenschaftlichen Forschung noch in den Unternehmen selbst.

Während das erste Kapitel die Erwartungen an die Unternehmensgeschichte und ihre mögliche Weiterentwicklung in der Zukunftschronik® illustriert hat, beschäftigte sich das zweite Kapitel mit der Entwicklung der Unternehmen bzw. der Wirtschaft selbst, während sowohl die sechs Revolutionen als auch Unternehmen in Zeiten von Kriegen und Krisen veranschaulicht und analysiert wurden. Die Kapitel 3 und 4 konzentrierten sich auf die Beschreibung der Entwicklung der Unternehmensgeschichte seit den 1970er Jahren, die jedoch mit dem Beginn des 21. Jahrhundert aufgehört hat.

Die Bemängelung der Nähe zu den Unternehmen dominiert nach wie vor den wissenschaftlichen Diskurs, wobei immer mehr Wissenschaftler sowohl die Nähe zu den Unternehmen als auch die Interdisziplinarität in der Unternehmensgeschichte befürworten. Dennoch ist der Marketingaspekt der Unternehmensgeschichte in Deutschland bis heute teilweise verpönt. Dabei wurde in den USA von Alfred D. Chandler bereits in den 1960er Jahren die Rolle des Marketings und der Consultingunternehmen in Bezug auf die Unternehmenshistorie beschrieben und beinhaltet daher keinen neuen Aspekt.

Trotz der unterschiedlichen Qualität der Beratungsunternehmen, die sich auf Unternehmensgeschichte sowie -archive konzentrieren, ist dieses Buch unter anderem ein Plädoyer für die Öffnung der Unternehmensgeschichte für Marketing- und Strategiezwecke der Unternehmen. Vor allem wurde versucht darzustellen, inwiefern eine gut aufarbeitete Geschichte zu der Bindung der Mitarbeiter und Kunden beitragen kann und wie die Beschreibung der Transformationsprozesse in den Unternehmen, aber auch ihrer Rolle im geopolitischen Kontext hilfreich sein kann.

Durch die Handlungsempfehlungen am Ende der Kapitel wurden die Beschreibungen bewusst konkretisiert und für Unternehmer in eine Form gebracht, die sie auffordert, die Geschichte – und vor allem Geschichte ihrer Unternehmen – ernst zu nehmen. Bewusst werden hier Unternehmen in die Pflicht genommen, da es die Wissenschaft nicht geschafft hat, die Verbindung herzustellen, von welcher die Unternehmen profitieren können. Dabei ist – wie eingangs von Patrick Peters hervorgehoben – auch die Verbindung von Unternehmensgeschichte und Unternehmensethik dringend erforderlich, da sie aufzeigt, wie sich ethische Entscheidungen auf die Reputation und den Erfolg eines Unternehmens langfristig auswirken können.

Um die Verbindung der Werte aus der Vergangenheit mit neuen Werten greifbar zu machen, ist es unabdingbar, dass – wie etwa in der Zukunftschronik® – neben der reinen Beschreibung der Geschichte auch die Analyse gegenwärtiger Ereignisse und Strategien für die Zukunft dargestellt wird. Idealerweise sollen hieraus Rückschlüsse gezogen werden, aus denen konkrete Wegweiser für die Unternehmen entstehen. Das heißt, aus der Geschichte, der Gegenwart und der Zukunft heraus entstehen Handlungsempfehlungen, die den Unternehmen für ihre Planungen und Strategien zur Verfügung gestellt werden können. In dieser Methode sehen die Autoren die Potentiale für die Zukunft der Unternehmensgeschichte.

Quellenverzeichnis

Archive

HADB Historisches Archiv der Deutschen Bank, Generalsekretariat Protokoll über die Vorstandssitzung der Deutschen Bank am 14. Mai 1974 (Referenten: Herr Ulrich und Dr. Guth), HADB ZA 17/13

Protokoll über die Vorstandssitzung am 4. November 1975 (Referent: Herr Ulrich), HADB ZA 17/13, Generalsekretariat

Protokoll über die Vorstandssitzung der Deutschen Bank am 26. März 1974 (Referent: Herr Ulrich), HADB ZA 17/13, Generalsekretariat

Literatur

Achterberg, Erich: Der Bankplatz Frankfurt am Main. Eine Chronik, Frankfurt am Main 1955

Achterberg, Erich: Stadtsparkasse, Frankfurt am Main 1956

Achterberg, Erich: Frankfurter Bankherren, Frankfurt am Main 1956

Achterberg, Erich: Das Bankhaus Hardy & Co., Frankfurt am Main 1956

Achterberg, Erich: Frankfurter Wertpapierbörse, Frankfurt am Main 1960

Achterberg, Erich: Deutsche Hypothekenbank, Frankfurt am Main 1962

Achterberg, Erich; Müller-Jabusch, Maximilian: Lebensbilder deutscher Bankiers aus fünf Jahrhunderten, Frankfurt am Main 1963

Achterberg, Erich: Deutsche Girozentrale, Frankfurt am Main 1968

Achterberg, Erich: Süddeutsche Bodencreditbank, Frankfurt am Main 1971

Ambrosius, Gerold; Petzina, Dietmar; Plumpe, Werner (Hrsg.): Moderne Wirtschaftsgeschichte, München 1996

Assmann, Jan: Das kulturelle Gedächtnis. Schrift, Erinnerung und politische Identität in frühen Hochkulturen, München 1999

Bajohr, Frank; Wildt, Michael (Hrsg.): Volksgemeinschaft. Neue Forschungen zur Gesellschaft des Nationalsozialismus, Frankfurt am Main 2009

Bauer, Martin; Peters, Patrick: Diversity Management, Stuttgart 2024

Bergengrün, Alexander: David Hansemann, Berlin 1901

Berghoff, Hartmut: Moderne Unternehmensgeschichte. Eine themen- und theorieorientierte Einführung. 2. Auflage, Berlin/Boston 2016

Brücker, Herbert: Privatisierung in Ostdeutschland. Eine institutionen-ökonomische Analyse, Frankfurt am Main 1995

Buss, Klaus-Peter: Mit ererbten Kompetenzen zu neuen Geschäftsmodellen. Ostdeutsche Betriebe auf dem Weg von der Plan- in die Marktwirtschaft, Wiesbaden 2014

Chandler, Alfred D. Jr.: Strategy and Structure. Chapters in the History of the Industrial Enterprise, 1970

Chandler, Alfred D. Jr.; Daems, Herman (Hrsg.): Managerial Hierarchies. Comparative Perspectives on the Rise of the Modern Industrial Enterprise. (Harvard Studies in Business History), 1983

Chandler, Alfred D. Jr.: Scale and Scope. The Dynamics of Industrial Capitalism, Harvard 1990

Chandler, Alfred D. Jr.; Franco, Amatori; Takashi, Hikino: Big business and the wealth of nations. Cambridge 1997

Czichon, Eberhard: Der Bankier und die Macht. Hermann Josef Abs in der deutschen Politik, Köln 1970

Drewnick, Robert: Dokumentation 1990–1994/Treuhandanstalt, Berlin 1994

Eifert Christiane: Deutsche Unternehmerinnen im 20. Jahrhundert, München 2011

Feldman, Gerald D., Lothar Gall u. a.: Die Deutsche Bank 1870–1995, München 1995

Feldman, Gerald D.: Hugo Stinnes. Biographie eines Industriellen 1870–1924, München 1998

Gosewinkel, Dieter (Hrsg.): Wirtschaftskontrolle und Recht in der nationalsozialistischen Diktatur: Das Europa der Diktatur, Frankfurt am Main 2005

Gutenberg Erich: Grundlagen der Betriebswirtschaftslehre, Band 1, 21. Auflage, Berlin/Heidelberg/New York, 1975

Hardach, Gerd; Karras, Dieter: Sozialistische Wirtschaftstheorie, Darmstadt 1975

Harari, Yuval Noah: Wie wir Menschen die Welt eroberten, München 2022

Harari, Yuval Noah: Nexus. Eine kurze Geschichte der Informationsnetzwerke von der Steinzeit bis zur künstlichen Intelligenz, München 2024

Henning, Friedrich Wilhelm: Deutsche Wirtschafts- und Sozialgeschichte im 19. und 20. Jahrhundert, in: Handbuch der Wirtschafts- und Sozialgeschichte, Bd. 2, Paderborn 1996

Hoffmann, Heinz: Die Betriebe mit staatlicher Beteiligung im planwirtschaftlichen System der DDR 1956–1972. (Beiträge zur Wirtschafts- und Sozialgeschichte, Bd. 79), Stuttgart 1999

Kocka, Jürge; Sabrow, Martin (Hrsg.): Die DDR als Geschichte. Fragen – Hypothesen – Perspektiven. (Zeithistorische Studien, Bd. 2), Berlin 1994

Kuczynski, Jürgen: Zur Geschichte der Wirtschaftsgeschichte, Berlin(Ost), 1978

Landes, David: Die Macht der Familie. Wirtschaftsdynastien in der Weltgeschichte, München 2006

Lower, Wendy: Hitlers Helferinnen. Hitlers Frauen im Holocaust. (Hitler's Furies. German women in the Nazi Killing Fields, Bosten/New York 2013), Deutsche Ausgabe: Bundeszentrale für politische Bildung, Bonn 2014

Möller, Horst: Saint-Gobain in Deutschland. Von 1853 bis zur Gegenwart. Geschichte eines europäischen Unternehmens, München 2001

Mommsen, Hans; Grieger, Manfred: Das Volkswagenwerk und seine Arbeiter im Dritten Reich, Düsseldorf 1996

Pierenkemper, Toni: Unternehmensgeschichte. Eine Einführung in ihre Methoden und Ergebnisse. (Grundzüge der modernen Wirtschaftsgeschichte, Band 1), Stuttgart 2000

Pierenkemper, Toni: Wirtschaftsgeschichte. Die Entstehung der modernen Volkswirtschaft. (Akademie Studienbücher Geschichte), Berlin/Boston 2015

Plumpe, Werner: Unternehmensgeschichte im 19. und 20. Jahrhundert. (Enzyklopädie deutscher Geschichte, Band 94), Oldenbourg 2018

Pohl, Hans: Wirtschaft, Unternehmen, Kreditwesen, soziale Probleme. Ausgewählte Aufsätze, Teil 1, Stuttgart 2005

Pohl, Hans; Habeth-Allhorn, Stephanie; Brüninghaus, Beate: Die Daimler-Benz AG in den Jahren 1933 bis 1945. Eine Dokumentation, 3. Auflage, Stuttgart 2017

Pohl, Manfred: Die Geschichte der Saarländischen Kreditbank Aktiengesellschaft. (Veröffentlichungen der Kommission für saarländische Landesgeschichte e. V.), Saarbrücken 1972

Pohl, Manfred (Hrsg.): Hermann J. Abs, Eine Bildbiographie, Mainz 1981

Pohl, Manfred: Konzentration im deutschen Bankwesen (1848–1980), Frankfurt am Main 1982

Pohl, Manfred: Entstehung und Entwicklung des Universalbankensystems. Konzentration und Krise als wichtiger Faktor. (Schriftenreihe des Instituts für bankhistorische Forschung, Bd. 7), Frankfurt am Main 1986

Pohl, Manfred: Emil Rathenau und die AEG, Mainz 1988

Pohl, Manfred: VIAG, Aktiengesellschaft, 1923–1998. Vom Staatsunternehmen zum Internationalen Konzern, München/Zürich 1998

Pohl, Manfred: Philipp Holzmann, Geschichte eines Bauunternehmens 1849–1999, München 1999

Pohl, Manfred; Siekmann Birgit: Hochtief und seine Geschichte: Von den Brüdern Helfmann bis ins 21. Jahrhundert, München 2000

Pohl, Manfred, Tolhurst, Nick (Hrsg.): Responsible Business. How to manage a CSR strategy successfully, London 2010

Pohl, Manfred: 150 Jahre Dyckerhoff. Ein Unternehmen im Wandel der Zeit, Frankfurt am Main 2014

Pohl, Manfred; Mitsiadis, Jelena (Hrsg.): Die Erde als Spielball: Der Mensch hat das Anthropozän in der Hand, Frankfurt am Main 2018

Pohl, Manfred; Mitsiadis, Jelena: SAMSON: Die Transformation eines starken Unternehmens, Frankfurt am Main 2022

Porter, Michael E.: Wettbewerbsstrategie (Competitive Strategy), Methoden zur Analyse von Branchen und Konkurrenten, 12. Auflage, Frankfurt/New York 2013

Proske, Wolfgang (Hrsg.): Täter Helfer Trittbrettfahrer, Bd. 10: NS-Belastete aus der Region Stuttgart, Gerstetten 2019

Riesser, Jacob: Die Entwicklungsgeschichte der deutschen Großbanken mit besonderer Rücksicht auf die Konzentration, Jena 1906

Schier, Walter: Die Weiterentwicklung der staatlichen Leitung der halbstaatlichen Industriebetriebe in der Periode des umfassenden Aufbaus des Sozialismus. Diss. Leipzig 1965

Schmidt, Rudi; Lutz Burkhart (Hrsg.): Chancen und Risiken der industriellen Restrukturierung in Ostdeutschland. (Schriftenreihe der Kommission für die Erforschung des sozialen und politischen Wandels in den neuen Bundesländern e. V., KSPW), Berlin 1995

Schneider, Andrea: Dir deutsche Unternehmensgeschichte und die Entwicklung ihrer Institutionen, in: Feldenkirchen, Wilfried; Hilger, Susanne; Rennert, Kornelia: Geschichte – Unternehmen – Archive. 1. Auflage, Essen 2008

Schramm, Percy Ernst: Neun Generationen. Dreihundert Jahre deutsche „Kulturgeschichte" im Lichte der Schicksale einer Hamburger Bürgerfamilie (1648 bis 1948), 2 Bände, Göttingen 1963 und 1964

Schneider-Bertenburg, Lino: Der Gründerkrach und die Krisenwahrnehmung der deutschen Sozialdemokratie, Stuttgart 2022

Schramm, Percy Ernst: Neun Generationen. Dreihundert Jahre deutsche „Kulturgeschichte" im Lichte der Schicksale einer Hamburger Bürgerfamilie (1648 bis 1948), 2 Bände, Göttingen 1963 und 1964

Seidenzahl, Fritz: 100 Jahre Deutsche Bank, Frankfurt am Main 1970

Simmel, Georg: Die Probleme der Geschichtsphilosophie. Eine erkenntnistheoretische Studie, Leipzig 1907

Treue, Wilhelm: Wirtschaftsgeschichte der Neuzeit. Bd. 1, 18. und 19. Jahrhundert, Stuttgart 1973

Vereinigung der deutschen Wirtschaftsarchivare e. V. (Hrsg.): 50 Jahre Vereinigung deutscher Wirtschaftsarchivare 1957–2007, Stuttgart 2007

Wehler, Hans-Ulrich: Deutsche Gesellschaftsgeschichte, Fünfter Band: Bundesrepublik und DDR 1949–1990, München 2008

Weltsch, Robert (Hrsg.): Deutsches Judentum, Aufstieg und Krise. Gestalten, Ideen, Werke. Vierzehn Monographien. Veröffentlichung des Leo-Beck-Instituts, Stuttgart 1963

Wisser, Wayne; Matten, Dirk; Pohl, Manfred; Tolhurst, Nick: The A to Z of CORPORATE SOCIAL RESPONSIBILITY, London 2007

Wolff, Max J.: Die Disconto-Gesellschaft, Berlin 1930

Zeitschriften/Zeitungen

Archiv und Wirtschaft, Heft 2/3, 1971

Business History Review XLVIII, 1974

FAZ vom 22.12.1973, 1. Seite Wirtschaft

Jahrbuch für Wirtschaftsgeschichte Berlin 1960 II

Neue Deutsche Biographie 13 (1982)

Ossietzky, Zweiwochenzeitschrift für Politik/Kultur/Wirtschaft, Ausgabe 19/2020

PROKLA – Zeitschrift für kritische Sozialwissenschaften, 2013

Sci 2022, 4, 26

TRADITION. Zeitschrift für Firmengeschichte und Unternehmerbiographie, Band 1, 1956

TRADITION. Erstes Beiheft der Zeitschrift für Firmengeschichte und Unternehmerbiographie, Baden-Baden o. J.

TRADITION. Erstes Beiheft der Zeitschrift für Firmengeschichte und Unternehmerbiographie, Baden-Baden 1959

TRADITION Zeitschrift für Firmengeschichte und Unternehmerbiographie, Baden-Baden 1959

TRADITION. Zeitschrift für Firmengeschichte und Unternehmerbiographie, 17. Jahrgang, 1972, Baden-Baden 1959

TRADITION. Zeitschrift für Firmengeschichte und Unternehmerbiographie, 18. Jahrgang, Jahresheft 1973

TRADITION Zeitschrift für Firmengeschichte und Unternehmerbiographie, 19. Jahrgang, Jahresheft 1974

VSWG Vierteljahrschrift für Sozial- und Wirtschaftsgeschichte Beiheft Nr. 178, 1, Stuttgart 2005

Zeitschrift für Unternehmensgeschichte, herausgegeben im Auftrag der Gesellschaft für Unternehmensgeschichte von Wilhelm Treue und Hans Pohl, 22. Jahrgang, Heft 2

Zeitschrift für Unternehmensgeschichte, Heft 1/1977

Zeitschrift für Unternehmensgeschichte, 31. Jahrgang, Heft 1 (1986) Sonderdruck

Zeitschrift für Unternehmensgeschichte, 32. Jahrgang, Heft 2 (1987)

Zeitschrift für Unternehmensgeschichte, 38. Jahrgang, Heft 1 (1993)

Zeitschrift für Unternehmensgeschichte, 45. Jahrgang, Heft 2 (2000)

Zeitschrift für Unternehmensgeschichte, 46. Jahrgang, Heft 1 (2001)

Zeitschrift für Unternehmensgeschichte, 47. Jahrgang, Heft 1 (2002)

Wirtschaftswoche Nr. 22 vom 24.5.1974 Zeitschrift für Unternehmensgeschichte, 47. Jahrgang/2002

Prospekte

European Association for Banking History. Inaugural meeting. 29 November 1990, Frankfurt am Main

Einladung zur Gründungsversammlung der Deutschen Bank am 12. Juni 1991. HADB

SEBH-Gründungsprospekt 1997

Radio

US-Historiker schreiben Firmengeschichte. Deutschlandfunk 7. September 2022